LA BIBLE OFFICIELLE
de l' Easy fry & Grill

...La CUISINE de D&T...

LA BIBLE OFFICIELLE de l'Easy fry & Grill

DES RECETTES LÉGÈRES ET CROUSTILLANTES

NUGGETS, RÔTIS, FRITES ET GRATINS...

Moulinex

Recettes et stylisme de Pauline Dubois
Photographies de Fabrice Veigas

...La CUISINE de D&T...

SOMMAIRE

GRÂCE À EASY FRY & GRILL, PRÉPAREZ DES RECETTES ULTRA-GOURMANDES SANS HUILE, OU TRÈS PEU !

Ce nouvel assistant culinaire propose en effet deux méthodes de cuisson : à air chaud (air fry) et sous le gril (grill). **Voilà une excellente manière de cuisiner une multitude de recettes croustillantes et dorées... sans culpabilité !**

Intelligent et polyvalent, Easy Fry & Grill permet un équilibre parfait entre la température et le débit d'air chaud nécessaire pour des plats croustillants et dorés, et est aussi doté d'une fonction gril, pour des viandes et poissons cuits à la perfection ! Vous pouvez aussi choisir la température (de 80 °C à 200 °C) selon vos besoins et sa grande capacité (4,2 litres) est particulièrement adaptée aux familles ou aux repas entre amis !

Ses 8 programmes automatiques vont vous simplifier la vie : frites, nuggets, poulet rôti, pizza, viandes, poissons, légumes et desserts. Vous pouvez aussi choisir tout simplement vos cuissons en plaçant les aliments dans le panier de l'Easy Fry & Grill et en sélectionnant la fonction Air Fry ou Grill (recommandée pour les viandes et poissons).

Beignets de courgette, mozza sticks, cordons-bleus et frites, cassoulet gratiné, escalopes milanaises, burgers de poisson, légumes et feta rôtis, profiteroles, chips de pommes... **Découvrez dans ce livre 100 recettes spécialement adaptées à votre machine, de l'apéritif au dessert !**

À table !

APÉRITIFS
ET ENTRÉES

INGRÉDIENTS

250 g de courgettes râpées

75 g de ricotta
¼ d'oignon haché

1 gousse d'ail hachée

25 g de parmesan râpé
1 œuf
40 g de farine
10 feuilles de basilic ciselées
1 c. à café rase de piment d'Espelette
Huile d'olive

POUR LA SAUCE

2 yaourts grecs
¼ de concombre râpé
10 feuilles de menthe et de persil émincées finement

BEIGNETS DE COURGETTES

8 BEIGNETS

20 MIN **40 MIN**

€

SPÉCIAL KIDS

1. Préparez la sauce. Mélangez tous les ingrédients. Réservez au frais.

2. Dans un saladier, mélangez les courgettes râpées avec l'oignon et l'ail. Salez et poivrez. Ajoutez la ricotta et le parmesan et mélangez. Versez l'œuf, remuez bien l'ensemble, puis incorporez la farine, le basilic et le piment, mélangez le tout afin d'avoir une pâte homogène.

3. Versez 3 c. à soupe d'huile d'olive dans le panier de l'Easy Fry, puis faites 4 petits tas à l'aide d'une cuillère à soupe. Faites cuire à 180 °C pendant 10 min, retournez les beignets à l'aide d'une spatule et relancez la cuisson pour 10 min. Mettez les beignets sur du papier absorbant et répétez l'opération jusqu'à épuisement de la pâte.

4. Dégustez les beignets accompagnés de la sauce et d'une salade.

INGRÉDIENTS

20 crevettes cuites

70 g de farine
30 g de fécule de maïs

1 œuf
20 cl d'eau gazeuse très froide
1 c. à soupe d'huile de friture

POUR LA SAUCE

180 g de sucre

140 g de ketchup
6 cl de vinaigre blanc

5 cl de sauce soja
2 c. à soupe de fécule de maïs

TEMPURAS DE CREVETTES ET SAUCE AIGRE-DOUCE

20 PIÈCES

25 MIN 28 MIN

€

TOUR DU MONDE

RECETTE WAOUH

1. Préparez la sauce. Mélangez tous les ingrédients avec 12 cl d'eau dans une casserole et faites chauffer à feu doux. Portez la sauce à ébullition et remuez de temps en temps jusqu'à ce qu'elle s'épaississe pendant environ 8 min. Laissez refroidir.

2. Dans un saladier, tamisez la farine et la fécule de maïs. Battez l'œuf et mélangez-le avec l'eau gazeuse froide. Ajoutez-y ½ c. à café de sel, la farine et la fécule tamisées petit à petit et mélangez rapidement afin d'obtenir une pâte lisse.

3. Décortiquez les crevettes en conservant la queue. Trempez les crevettes dans la pâte à tempura, en veillant à bien les enrober, sauf la queue.

4. Déposez les crevettes dans le panier de l'Easy Fry, ajoutez l'huile et faites cuire 10 min à 180 °C. Remuez et relancez la cuisson pour 10 min.

5. Dégustez avec la sauce aigre-douce.

INGRÉDIENTS

300 g de mozzarella
en 12 bâtonnets

100 g de chapelure panko
(ou de chapelure classique)

2 œufs

5 cl de lait

80 g de farine

40 g de fécule de maïs

1 pincée d'ail en poudre
1 pincée de piment d'Espelette
1 c. à soupe d'huile de friture

MOZZA STICKS

12 PIÈCES

15 MIN **16 MIN**

€

SPÉCIAL KIDS

1. Battez les œufs et le lait dans un bol. Dans un deuxième bol, mélangez la farine et la fécule de maïs. Mélangez la chapelure panko avec l'ail en poudre, le piment d'Espelette, du sel et du poivre dans un troisième bol.

2. Enrobez chaque bâtonnet de mozzarella du mélange farine-fécule de maïs. Retirez l'excédent, puis roulez les sticks dans le mélange d'œufs battus et enfin dans la chapelure.

3. Déposez les sticks dans le panier de l'Easy Fry, ajoutez l'huile et faites cuire 8 min à 180 °C. Remuez et relancez la cuisson pour 8 min.

INGRÉDIENTS

1 courge butternut de 800 g

50 g de farine

1 c. à café de levure chimique

½ c. à café de cumin
6 cl d'eau gazeuse très froide

1 blanc d'œuf
1 c. à café d'huile d'olive
Huile de friture

BEIGNETS DE COURGE BUTTERNUT AU CUMIN

4 PERSONNES

20 MIN **10 MIN** **30 MIN**

€

RECETTE WAOUH

1. Épluchez la courge et détaillez des rondelles de 1 cm d'épaisseur, puis retirez le centre avec un petit emporte-pièce rond. Plongez-les dans de l'eau bouillante pendant 6 min, puis égouttez-les et réservez.

2. Mélangez la farine avec la levure, du sel, du poivre et le cumin. Versez l'huile d'olive et l'eau gazeuse et remuez. Montez le blanc d'œuf en neige, puis ajoutez-le délicatement en mélangeant à la spatule.

3. Mettez la moitié des rondelles de butternut dans le panier de l'Easy Fry et versez 1 c. à soupe d'huile de friture. Faites cuire 6 min à 200 °C, puis retournez les beignets et relancez la cuisson pour 6 min. Répétez l'opération avec le reste des beignets.

4. Servez les beignets accompagnés d'un houmous de pois chiches.

INGRÉDIENTS

5 feuilles de brick

¼ de chou rouge râpé

3 carottes râpées

1 gousse d'ail hachée

½ botte de coriandre ciselée

1 c. à café de ras el-hanout

1 c. à café de sauce soja
Huile d'olive

NEMS AU CHOU ROUGE ET CAROTTES

10 PIÈCES

20 MIN **15 MIN**

€

TOUR DU MONDE

1. Dans une poêle, faites revenir le chou rouge, les carottes et l'ail dans 2 c. à soupe huile d'olive pendant 5 min à feu moyen en remuant régulièrement. Ajoutez la coriandre ciselée, le ras el-hanout, 1 c. à café de sel, du poivre et la sauce soja, mélangez bien et laissez refroidir.

2. Coupez les feuilles de brick en 2. Badigeonnez 1 demi-feuille de brick avec de l'huile d'olive. Déposez 1 c. à café de farce au chou au centre de la feuille, puis rabattez les bords (droit et gauche) vers l'intérieur et repliez la feuille de moitié. Roulez en serrant bien. Répétez l'opération jusqu'à épuisement de la farce.

3. Mettez les nems dans le panier de l'Easy Fry et faites cuire 5 min à 180 °C. Retournez les nems et poursuivez la cuisson 5 min.

INGRÉDIENTS

250 g de riz arborio

25 cl de coulis de tomate

200 g de bœuf et porc hachés
1 oignon haché
1 gousse d'ail pressée
4 brins de persil plat ciselés

65 g de petits pois surgelés
10 cl de vin blanc
3 pistils de safran
50 cl de bouillon de légumes
50 g de parmesan râpé

70 g de mozzarella en cubes
70 g de farine
1 œuf battu
75 g de chapelure
3 c. à soupe d'huile d'olive
1 c. à soupe d'huile de friture

ARANCINIS À LA TOMATE ET BŒUF HACHÉ

4 PERSONNES

25 MIN 1 H 15

€

TOUR DU MONDE

1. Faites chauffer 2 c. à soupe d'huile d'olive dans une sauteuse et faites revenir la viande avec la moitié de l'oignon 5 min à feu moyen. Ajoutez le coulis de tomate, l'ail pressé, le persil et 25 cl d'eau, puis salez et poivrez. Laissez mijoter 10 min, puis ajoutez les petits pois et poursuivez la cuisson 10 min pour obtenir une sauce épaisse. Laissez refroidir.

2. Dans une casserole, faites chauffer 1 c. à soupe d'huile d'olive et faites fondre le reste d'oignon. Quand il est transparent, ajoutez le riz et faites-le revenir à feu moyen jusqu'à ce qu'il soit translucide. Déglacez avec le vin et remuez. Lorsque le vin s'est presque évaporé, ajoutez le safran et 1 louche de bouillon en remuant. Salez et poivrez, puis versez le bouillon louche après louche jusqu'à la fin de cuisson (environ 20 min). Ajoutez le parmesan, mélangez et laissez refroidir.

3. Formez 4 boules de riz (de la taille d'une balle de tennis) avec les mains mouillées, puis faites un creux jusqu'au centre avec le pouce. Garnissez de viande et de 1 cube de mozzarella, puis refermez avec un peu de riz. Passez les arancinis dans la farine, puis dans l'œuf battu et la chapelure.

4. Mettez 4 arancinis dans le panier de l'Easy Fry, arrosez d'huile de friture et lancez le **mode frites** pour 15 min. Retournez-les et relancez la cuisson pour 15 min. Les arancinis doivent être bien dorés.

INGRÉDIENTS

2 grosses pommes de terre à chair farineuse (type bintje) pelées

1 c. à soupe d'huile de friture

CHIPS
DE POMMES DE TERRE

4 PERSONNES

15 MIN **30 MIN** **30 MIN**

€

GRAND CLASSIQUE

SPÉCIAL KIDS

1. À l'aide d'une mandoline, coupez les pommes de terre en tranches très fines. Déposez les rondelles dans un grand saladier, couvrez d'eau froide et laissez tremper 30 min. Égouttez et épongez bien les tranches pour enlever toute l'eau à l'aide d'un torchon.

2. Déposez les rondelles dans le panier de l'Easy Fry en formant plusieurs couches. Versez l'huile et faites cuire 30 min à 180 °C, en remuant les chips toutes les 10 min.

3. Sortez les chips du panier, salez et poivrez généreusement.

INGRÉDIENTS

8 à 10 feuilles de brick

200 g de feta

1 botte de menthe ciselée

1 œuf battu

50 g de beurre
1 c. à soupe d'huile d'olive

CIGARES À LA FETA

12 PIÈCES

20 MIN | **10 MIN**

€

EXPRESS

TOUR DU MONDE

1. Coupez les feuilles de brick en 2 et recoupez le bord arrondi de chacune pour obtenir des bandes.

2. Dans un bol, mélangez la feta, la menthe ciselée, l'œuf battu et du poivre.

3. Faites fondre le beurre dans une petite casserole. Badigeonnez 1 demi-feuille de brick de beurre fondu. Déposez 1 c. à café de farce au centre, puis rabattez les bords (droit et gauche) vers l'intérieur et repliez la feuille de moitié. Roulez en serrant bien, comme un nem. Répétez l'opération jusqu'à épuisement de la farce.

4. Placez les cigares dans le panier de l'Easy Fry et faites cuire 5 min à 180 °C. Retournez les cigares et poursuivez la cuisson 5 min.

Astuce : ***Servez les cigares accompagnés de taboulé et de caviar d'aubergines (voir recette p. 58) pour un repas 100 % libanais.***

INGRÉDIENTS

1 chou-fleur en bouquets

3 c. à soupe de harissa

2 c. à soupe de miel

2 c. à soupe d'huile d'olive

POUR LA SAUCE

2 yaourts brassés

5 brins de persil ciselés

½ botte d'aneth ciselée

CHOU-FLEUR RÔTI À LA HARISSA

4 PERSONNES

10 MIN **20 MIN**

€

TOUR DU MONDE

EXPRESS

1. Dans un bol, mélangez la harissa, le miel et l'huile. Mettez les bouquets de chou-fleur dans un sac congélation, versez le mélange et secouez bien.

2. Placez la préparation dans le panier de l'Easy Fry et lancez le **mode légumes** pour 20 min en remuant toutes les 5 min.

3. Pendant ce temps, préparez la sauce. Mélangez les yaourts avec les herbes ciselées, du sel et du poivre.

4. Dégustez les bouquets de chou-fleur rôti trempés dans la sauce.

INGRÉDIENTS

2 oignons en rondelles
de 5 mm d'épaisseur

100 g de chapelure panko
(ou de chapelure classique)

100 g de farine
50 g de fécule de maïs

1 c. à café de paprika fumé
1 c. à soupe d'huile de friture

POUR LA SAUCE

2 yaourts grecs

1 botte de ciboulette ciselée
1 échalote émincée
1 c. à soupe de jus de citron

ONION RINGS ET SAUCE YAOURT AUX HERBES

4 PERSONNES

15 MIN | 16 MIN

€

EXPRESS

TOUR DU MONDE

1. Dans un bol, mélangez la farine, la fécule de maïs, du sel, du poivre et le paprika fumé. Ajoutez 15 cl d'eau froide petit à petit en mélangeant bien afin d'éviter les grumeaux. La pâte doit être légèrement liquide.

2. Versez la chapelure dans une assiette creuse. Passez les rondelles d'oignons dans la pâte, puis dans la chapelure. Veillez à bien les enrober.

3. Déposez les rondelles dans le panier de l'Easy Fry, ajoutez l'huile et faites cuire 8 min à 180 °C. Remuez et relancez la cuisson pour 8 min.

4. Pendant ce temps, préparez la sauce. Mélangez les yaourts avec la ciboulette et l'échalote, ajoutez le jus de citron, salez et poivrez.

5. Dégustez les onion rings tièdes avec la sauce.

NEWSPAPER

INGRÉDIENTS

125 g de jambon Serrano en petits dés

½ oignon émincé finement

40 g de farine

2 œufs battus

250 g de chapelure panko (ou de chapelure classique)

1 c. à soupe d'huile d'olive

Huile de friture

POUR LA BÉCHAMEL

70 g de beurre

70 g de farine

50 cl de lait entier

CROQUETAS AU JAMBON SERRANO

16 PIÈCES

25 MIN · **15 MIN** · **40 MIN**

€€

TOUR DU MONDE

RECETTE WAOUH

1. Préparez la béchamel. Faites fondre le beurre, ajoutez la farine, faites cuire 5 min à feu doux en remuant régulièrement et laissez refroidir. Versez le lait et fouettez à feu doux jusqu'à épaississement. Salez et poivrez.

2. Dans une poêle, faites chauffer l'huile d'olive et faites-y rissoler les dés de jambon et l'oignon pendant 5 min à feu moyen en remuant régulièrement. Incorporez-les à la béchamel encore chaude. Réservez dans un plat rectangulaire et laissez refroidir. Mettez le plat au congélateur 15 min pour raffermir la pâte.

3. Formez les croquettes en quenelles à l'aide de 2 cuillères à soupe. Panez-les en les déposant dans la farine, puis dans les œufs battus et enfin dans la chapelure.

4. Mettez la moitié des croquettes dans le panier de l'Easy Fry avec 1 c. à soupe d'huile de friture et faites cuire 10 min à 200 °C. Retournez les croquettes et relancez la cuisson pour 5 min. Répétez l'opération avec le reste des croquettes.

INGRÉDIENTS

125 g de gruyère râpé

25 cl de lait mélangé à de l'eau (moitié/moitié)

80 g de beurre en morceaux

150 g de farine

4 petits œufs (ou 3 gros)

Noix de muscade

GOUGÈRES AU FROMAGE

20 PIÈCES

20 MIN **40 MIN**

€

GRAND CLASSIQUE

SPÉCIAL KIDS

1. Dans une casserole, faites chauffer à feu doux le mélange lait et eau avec du sel et le beurre, puis laissez fondre. Hors du feu, incorporez la farine en une seule fois et mélangez rapidement, puis remettez à feu doux pendant 1 min en continuant à remuer afin d'obtenir une pâte bien lisse.

2. Hors du feu, ajoutez les œufs un à un en mélangeant à chaque fois pour qu'ils soient bien absorbés par la pâte, puis du poivre, de la noix de muscade et le fromage râpé. Mélangez bien.

3. À l'aide d'une poche à douille ou d'une cuillère à café, formez les gougères. Disposez-en la moitié dans le panier de l'Easy Fry, puis lancez le **mode gâteau** pour 15 min. Répétez l'opération avec le reste de la pâte.

INGRÉDIENTS

1 camembert au lait cru

3 brins de thym

1 c. à café de miel liquide

¼ de baguette coupée en 2

1 gousse d'ail épluchée

CAMEMBERT RÔTI
AU THYM ET MIEL

2 PERSONNES

10 MIN **15 MIN**

€

RECETTE WAOUH

EXPRESS

1. Retirez le papier d'emballage du camembert. Incisez-le à 3 endroits, puis remettez-le dans sa boîte. Insérez les brins de thym dans les entailles, poivrez et badigeonnez de miel.

2. Faites cuire le camembert dans le panier de l'Easy Fry en **mode grill** pendant 15 min, jusqu'à ce que la croûte soit légèrement dorée.

3. Faites griller la baguette au grille-pain, frottez-la avec la gousse d'ail et coupez-la en croûtons.

4. Servez le camembert rôti accompagné d'une salade verte et plongez les croûtons dans le fromage coulant.

INOX-NOGENT

INGRÉDIENTS

2 pâtes brisées

225 g de mozzarella râpée

2 tomates en petits dés

1 gousse d'ail hachée

1 petite botte de basilic hachée

1 œuf

1 c. à soupe de lait

1 c. à soupe de graines de sésame

1 bocal de pesto (ou pesto maison, voir recette p. 124)

EMPANADAS CAPRESE

20 PIÈCES

20 MIN 30 MIN

€

TOUR DU MONDE

1. Mélangez la mozzarella, les tomates, l'ail et le basilic dans un bol. Salez et poivrez.

2. Séparez le blanc du jaune d'œuf. Découpez des cercles dans les pâtes à l'aide d'un emporte-pièce de 8 cm de diamètre. Étalez au pinceau du blanc d'œuf battu sur le bord d'un cercle de pâte pour mieux souder l'empanada. Mettez 1 c. à soupe bombée de farce sur la moitié de la pâte et refermez en demi-lune en appuyant bien sur les bords. Marquez la bordure à la fourchette. Procédez de la même façon avec le reste des ingrédients.

3. Mélangez le jaune d'œuf battu avec le lait et badigeonnez-en le dessus des empanadas. Parsemez de graines de sésame.

4. Mettez la moitié des chaussons dans le panier de l'Easy Fry et lancez le **mode gâteau** pour 10 min. Retournez les empanadas et relancez la cuisson pour 5 min. Répétez l'opération avec le reste des empanadas.

5. Servez accompagné de pesto et d'une salade de mâche.

INGRÉDIENTS

10 tranches de lard

10 pruneaux dénoyautés

10 abricots moelleux

BROCHETTES AU LARD, PRUNEAUX ET ABRICOTS

10 PIÈCES

15 MIN **10 MIN**

€

EXPRESS

1. Coupez les tranches de lard en 2 dans le sens de la largeur. Enroulez 1 pruneau dans 1 demi-tranche de lard et piquez-le sur 1 pique en bois. Enroulez également l'abricot d'une demi-tranche de lard et piquez-le après le pruneau. Répétez l'opération avec le reste des ingrédients.

2. Déposez les brochettes dans le panier de l'Easy Fry et faites cuire en **mode grill** pendant 8 à 10 min.

INGRÉDIENTS

1 pâte feuilletée

100 g de mimolette râpée

1 œuf battu

1 c. à soupe de graines de sésame

FEUILLETÉS AU FROMAGE

16 PIÈCES

10 MIN – 20 MIN

€

EXPRESS

SPÉCIAL KIDS

1. Déroulez la pâte feuilletée et découpez-la en bandes de 1 x 5 cm. Torsadez-les légèrement sur elles-mêmes.

2. À l'aide d'un pinceau, badigeonnez les torsades avec l'œuf battu, puis saupoudrez-les de graines de sésame et de fromage râpé.

3. Mettez la moitié des torsades dans le panier de l'Easy Fry et lancez le **mode gâteau** pour 10 min. Répétez l'opération avec le reste des torsades.

INGRÉDIENTS

1 pâte feuilletée

90 g de tapenade verte

40 g de noisettes

ROULÉS À LA TAPENADE ET NOISETTES

10 PIÈCES

15 MIN — 15 MIN — 20 MIN

€

SPÉCIAL KIDS

1. Mettez les noisettes dans le panier de l'Easy Fry et lancez le **mode grill** pour 5 min. Remuez, puis relancez la cuisson pour 5 min. Mettez les noisettes sur une planche à découper, laissez-les refroidir puis concassez-les au couteau.

2. Déroulez la pâte feuilletée et tartinez-la de tapenade, puis déposez les noisettes grillées. Roulez la pâte en boudin en commençant par l'intérieur. Placez-la 15 min au congélateur.

3. Sortez la pâte du congélateur et découpez-la en tronçons de 2 cm d'épaisseur. Placez les roulés dans le panier de l'Easy Fry et lancez le **mode gâteau** pour 5 min. Retournez les roulés et relancez la cuisson pour 5 min.

INGRÉDIENTS

1 pâte à pizza fine et rectangulaire

100 g de mozzarella râpée

50 g d'emmental râpé

50 g d'olives noires dénoyautées en morceaux

1 c. à soupe d'herbes de Provence

PIZZA ROLLS
AU FROMAGE ET OLIVES

4 PERSONNES

20 MIN **20 MIN** **20 MIN**

€

SPÉCIAL KIDS

1. Parsemez la pâte à pizza de mozzarella, d'emmental, de sel, de poivre, d'herbes de Provence et d'olives.

2. Enroulez la pâte à l'aide du papier sulfurisé afin de former un boudin. Emballez-le dans du papier aluminium et placez-le 20 min au congélateur.

3. Déballez le boudin, coupez des tronçons de 2 cm d'épaisseur et déposez-les dans le panier de l'Easy Fry tapissé de papier sulfurisé. Faites cuire 10 min à 180 °C. Retournez les rolls et poursuivez la cuisson 10 min.

INGRÉDIENTS

1 boule de pain de 700-800 g

2 gousses d'ail hachées

250 g de mozzarella en dés

5 brins de basilic ciselés

60 g de beurre fondu

PAIN À L'AIL ET FROMAGE

4 PERSONNES

20 MIN **15 MIN**

€

GRAND CLASSIQUE

RECETTE WAOUH

1. Mélangez le basilic avec le beurre, l'ail, du sel et du poivre.

2. Entaillez le pain sans le couper jusqu'à la base, dans un sens, puis dans l'autre de manière à former un quadrillage.

3. Remplissez les entailles avec le beurre à l'ail, puis avec des morceaux de mozzarella. Emballez le pain dans du papier sulfurisé et déposez-le dans le panier de l'Easy Fry. Faites cuire 15 min à 180 °C.

Moulinex

INGRÉDIENTS

500 g de farine à pain ou à pizza

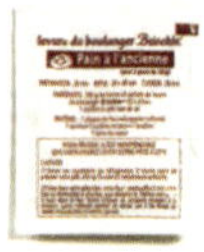

3 g de levure de boulanger sèche

1 c. à soupe de miel liquide

100 g de mélange de graines (tournesol, lin, courge, etc.)

70 g de mélange de fruits secs (amandes, pistaches, cranberries)

PAIN AUX CÉRÉALES

1 PAIN

20 MIN **4 H** **1 H**

€

GRAND CLASSIQUE

1. Dans le bol du robot muni du crochet, mélangez 80 cl d'eau, la levure et le miel. Ajoutez la farine, 10 g de sel, les graines et les fruits secs. Pétrissez pendant 5 min pour obtenir une pâte homogène, rajoutez un peu d'eau si besoin. Retirez le crochet, couvrez le bol et laissez pousser la pâte pendant 4 h dans un endroit tiède et sec, à l'abri des courants d'air.

2. Tapissez le panier de l'Easy Fry de papier sulfurisé. Sur le plan de travail fariné, formez une boule de pâte sans l'écraser en la manipulant avec précaution. Mettez-la dans le panier, puis lancez le **mode pizza** pour 40 min, puis retournez le pain et laissez-le cuire 20 min.

3. Laissez le pain totalement refroidir avant de le trancher.

INGRÉDIENTS

1 baguette de pain

1 oignon émincé

200 g de lardons fumés

20 cl de crème fraîche

150 g de comté râpé

1 branche de thym effeuillée

BAGUETTE APÉRITIVE AUX OIGNONS ET LARDONS

2 PERSONNES

15 MIN | 13 MIN

€

SPÉCIAL KIDS

1. Faites revenir dans une poêle l'oignon et les lardons en remuant régulièrement pendant 5 min. Ajoutez la crème, du poivre et le comté, puis remuez pendant 2 min.

2. Coupez la baguette en 2 ou en 3, puis coupez-la dans le sens de la largeur. Tartinez le pain de garniture et parsemez de thym.

3. Placez les morceaux de baguettes dans le panier de l'Easy Fry et faites cuire en **mode grill** pendant 6 min.

INGRÉDIENTS

6 portions de Vache qui rit®

250 g de farine

4 g de levure de boulanger

1 pincée de levure chimique

½ c. à café rase de sucre

60 g de yaourt grec

Beurre fondu

2 c. à soupe d'huile végétale

CHEESE NAANS

6 PIÈCES

25 MIN | 1 H 30 | 42 MIN

€

TOUR DU MONDE

SPÉCIAL KIDS

1. Au robot ou à la machine à pain, mélangez les ingrédients secs : farine, levure de boulanger, levure chimique, ½ c. à café de sel et le sucre. Faites-y un puits et versez les ingrédients liquides : huile, yaourt, et 9 cl d'eau. Pétrissez la pâte 10 à 15 min. Laissez lever au minimum 1 h 30 dans un endroit tempéré en la recouvrant d'un torchon.

2. Formez 12 petites boules de pâte de taille identique et étalez-les au rouleau à pâtisserie sur le plan de travail fariné. Étalez de la Vache qui rit® sur 1 disque de pâte, en laissant 1 cm tout autour. Disposez un second disque de pâte par-dessus et soudez les bords en appuyant bien avec les doigts. Répetez l'opération avec le reste des ingrédients.

3. Mettez 2 naans dans le panier de l'Easy Fry et faites cuire 7 min à 180 °C. Retournez-les et relancez la cuisson pour 7 min. Une fois les naans cuits, badigeonnez-les de beurre fondu au pinceau. Répétez l'opération avec le reste des naans.

INGRÉDIENTS

2 c. à soupe de romarin séché

230 g de farine

1 c. à café de levure de boulanger sèche

2 cl d'huile d'olive + 1 c. à soupe

1 c. à soupe de fleur de sel

GRESSINS AU ROMARIN

30 PIÈCES ENVIRON

20 MIN **2 H** **20 MIN**

€

GRAND CLASSIQUE

1. Dans le bol d'un robot, versez la farine et la levure, puis ajoutez 13 cl d'eau tiède, l'huile et 1 c. à café de sel. Pétrissez lentement avec le crochet pendant 5 min jusqu'à obtenir une boule. Couvrez d'un torchon et laissez la pâte pousser pendant 2 h à température ambiante, elle doit doubler de volume.

2. Évacuez le gaz de la pâte en la pressant sur le plan de travail fariné, retournez-la et recommencez aussi longtemps que nécessaire. Étalez-la en un rectangle de 16 x 25 cm. Découpez dans la hauteur des bandes de 1 cm de large et roulez-les pour former les gressins.

3. Badigeonnez les gressins d'huile d'olive à l'aide d'un pinceau, puis parsemez de romarin et de fleur de sel. Mettez la moitié des gressins dans le panier de l'Easy Fry et faites cuire en **mode gâteau** pendant 10 min. Répétez l'opération avec le reste des gressins.

INGRÉDIENTS

210 g de mélange de graines (lin, courge, pavot, sésame, tournesol, etc.)

250 g de farine

2 c. à café rases de levure chimique

10 cl d'huile d'olive

1 c. à café de fleur de sel

CRACKERS AUX GRAINES

30 PIÈCES ENVIRON

20 MIN **4 H 20** **45 MIN**

€

SPÉCIAL KIDS

1. Mélangez tous les ingrédients secs, puis versez dessus l'huile et 12 cl d'eau et remuez de façon à obtenir une pâte bien homogène.

2. Séparez la pâte en 2. Étalez chaque pâton sur 2 mm d'épaisseur environ, entre 2 feuilles de papier sulfurisé. Mettez-les au congélateur pendant 20 min.

3. Retirez la feuille du dessus et coupez la pâte en rectangles. Mettez 10 rectangles bien à plat dans le panier de l'Easy Fry et lancez le **mode gâteau** pour 15 min. Répétez 2 fois l'opération pour le reste des rectangles.

Astuce : ***Conservez les crackers aux graines dans un endroit sec. Si vous ne faites pas cuire tous les crackers, gardez un pâton au congélateur pour une autre fournée.***

INGRÉDIENTS

2 aubergines

1 pincée de cumin

2 c. à soupe bombées de tahini

Le jus de 1 citron

1 gousse d'ail hachée

4 brins de coriandre ciselés

1 pincée de piment d'Espelette

1 c. à soupe de pignons de pin

¼ de grenade égrainée (facultatif)

3 c. à soupe d'huile d'olive

CAVIAR D'AUBERGINES

4 PERSONNES

15 MIN **20 MIN**

€

TOUR DU MONDE

1. Coupez les aubergines en 2. Faites des incisions sur la chair, salez et poivrez, puis saupoudrez de cumin.

2. Mettez les aubergines dans le panier de l'Easy Fry, badigeonnez-les de 2 c. à soupe d'huile d'olive et faites cuire en **mode grill** pendant 20 min. Laissez tiédir et récupérez la chair.

3. Mixez la chair d'aubergines avec le tahini, le jus de citron et l'ail. Salez et poivrez. Versez le reste d'huile d'olive, ajoutez la coriandre ciselée, le piment et les pignons de pin. Décorez avec quelques graines de grenade si vous le souhaitez.

4. Servez accompagné de pain libanais.

VIANDES
ET VOLAILLES

INGRÉDIENTS

4 filets de poulet en dés de 5 cm

100 g de farine

3 blancs d'œufs

100 g de flocons de purée de pomme de terre

1 c. à soupe d'huile de friture

NUGGETS DE POULET

4 PERSONNES

20 MIN **20 MIN**

€

SPÉCIAL KIDS

1. Salez les dés de poulet. Roulez-les dans une assiette contenant la farine, puis tapotez-les pour retirer l'excédent. Battez les blancs d'œufs dans une assiette creuse et plongez-y les morceaux de poulet. Versez les flocons de purée dans un récipient creux et roulez les morceaux dedans.

2. Placez les nuggets dans le panier de l'Easy Fry, ajoutez l'huile et faites cuire 10 min à 180 °C. Retournez les nuggets et relancez la cuisson pour 10 min.

Astuce : *Servez accompagné de frites et d'une sauce barbecue.*

INGRÉDIENTS

1 poulet de 1,2 kg

2 bottes d'estragon

2 gousses d'ail

30 g de beurre en morceaux

25 cl de crème fraîche
1 c. à soupe d'huile d'olive

POULET RÔTI À L'ESTRAGON

4 PERSONNES

20 MIN **1 H 05**

€€

GRAND CLASSIQUE

1. Placez à l'intérieur du poulet 1 botte d'estragon et les gousses d'ail entières, puis salez.

2. Mettez le poulet dans le panier de l'Easy Fry, badigeonnez la peau d'huile d'olive et déposez les morceaux de beurre dessus. Versez 1 petit verre d'eau dans le fond du panier et faites cuire en **mode poulet** pendant 1 h en retournant le poulet à mi-cuisson.

3. Récupérez le jus du poulet, versez-le dans une petite casserole, faites-le réduire 5 min à feu vif et filtrez-le dans une passoire. Mélangez le jus avec la seconde botte d'estragon ciselée et la crème, salez et poivrez.

4. Servez le poulet découpé en morceaux arrosés de sauce et accompagné de riz sauvage.

INGRÉDIENTS

8 hauts de cuisses de poulet

500 g de pommes de terre grenaille

1 branche de romarin

1 c. à soupe d'huile d'olive

Fleur de sel

POUR LA MARINADE

1 gousse d'ail hachée

1 cm de gingembre frais haché

1 c. à soupe rase de ras el-hanout

2 c. à soupe de jus de citron

1 c. à café bombée de piment d'Espelette

2 c. à soupe d'huile d'olive

HAUTS DE CUISSES DE POULET RÔTIS AUX ÉPICES ET GRENAILLES

4 PERSONNES

20 MIN **50 MIN**

€

GRAND CLASSIQUE

RECETTE WAOUH

1. Préparez la marinade. Mélangez tous les ingrédients avec du sel et du poivre. Badigeonnez le poulet de ce mélange, puis mettez les morceaux dans le panier de l'Easy Fry et versez 2 c. à soupe d'eau. Lancez le **mode poulet** pour 15 min. Retournez les morceaux de poulet et relancez la cuisson 15 min. Mettez le poulet dans un plat avec le jus et recouvrez de papier aluminium pour maintenir au chaud.

2. Lavez le panier, puis mettez-y les pommes de terre grenaille. Parsemez de fleur de sel et de romarin, arrosez d'huile d'olive et mélangez bien le tout. Faites cuire en **mode frites** pendant 20 min.

3. Servez le poulet accompagné des pommes de terre.

INGRÉDIENTS

1 pâte feuilletée

500 g de blancs de poulet

1 c. à café bombée de paprika fumé

1 c. à soupe rase d'origan séché

1 gousse d'ail hachée

10 cl de crème fraîche

1 œuf battu

2 c. à soupe d'huile d'olive

FEUILLETÉS DE POULET

4 PERSONNES

20 MIN 40 MIN

€

SPÉCIAL KIDS

1. Dans un bol, mélangez l'huile d'olive avec le paprika, l'origan, du sel, du poivre et l'ail. Badigeonnez les blancs de poulet de cette préparation.

2. Mettez les blancs de poulet dans le panier de l'Easy Fry, lancez le **mode poulet** pour 5 min, retournez la viande et relancez la cuisson pour 5 min.

3. Débarrassez le poulet sur du papier absorbant et laissez refroidir. Récupérez le jus de cuisson et mélangez-le avec la crème. Lavez le panier.

4. Déroulez la pâte feuilletée, déposez le poulet dessus et repliez les bords comme un chausson. Badigeonnez la pâte d'œuf battu, puis faites des croisillons à l'aide d'une fourchette.

5. Mettez les feuilletés dans le panier de l'Easy Fry et lancez le **mode gâteau** pour 15 min, puis retournez et relancez la cuisson pour 15 min.

6. Réchauffez la sauce et servez les feuilletés accompagnés de salade.

PALLARES
SOLSONA

FAJITAS AU POULET ET POIVRONS

INGRÉDIENTS

4 tortillas

250 g de filets de poulet en lanières

½ poivron rouge en lamelles

½ poivron jaune en lamelles

1 oignon rouge émincé

1 avocat mûr

Le jus de 1 citron vert

1 yaourt grec

½ botte de coriandre ciselée

POUR LA MARINADE

1 c. à soupe de jus de citron vert

1 c. à café de Tabasco®

1 gousse d'ail hachée

1 c. à café rase de paprika fumé

1 c. à soupe d'huile d'olive

4 PERSONNES

20 MIN **30 MIN** **15 MIN**

€

TOUR DU MONDE

1. Préparez la marinade. Mélangez tous les ingrédients dans un grand bol. Salez et poivrez. Placez le poulet dans la marinade, mélangez bien et laissez reposer 30 min.

2. Ajoutez l'oignon et les poivrons dans la marinade, puis mélangez. Versez le tout dans le panier de l'Easy Fry et faites cuire 15 min à 180 °C, en remuant à mi-cuisson.

3. Récupérez la chair de l'avocat, écrasez-la à la fourchette avec du sel et du poivre, arrosez du jus de citron vert.

4. Garnissez les tortillas de poulet aux poivrons, de purée d'avocat, de yaourt grec et de coriandre.

INGRÉDIENTS

8 ailes ou pilons de poulet

POUR LA MARINADE

1 c. à soupe d'herbes de Provence

2 c. à soupe de sauce soja salée

1 c. à soupe de miel liquide

1 gousse d'ail hachée
2 c. à soupe d'huile d'olive

CHICKEN WINGS AUX HERBES

8 WINGS

5 MIN · 1 H · 15 MIN

€

SPÉCIAL KIDS

1. Préparez la marinade. Mélangez tous les ingrédients, enduisez-en le poulet, puis laissez reposer 1 h au frais.

2. Mettez les ailes ou pilons de poulet et la marinade dans le panier de l'Easy Fry, puis lancez le **mode poulet** pour 10 à 15 min. Les wings doivent être bien *crispy*.

SALADE CÉSAR
AU POULET CROUSTILLANT

4 PERSONNES

20 MIN **10 MIN**

€

EXPRESS

GRAND CLASSIQUE

INGRÉDIENTS

400 g d'aiguillettes de poulet

100 g de corn-flakes
8 c. à soupe bombées de farine
1 jaune d'œuf battu

3 tranches de pain
1 gousse d'ail épluchée

1 salade sucrine émincée

¼ de chou rouge émincé

16 tomates cerises multicolores
50 g de parmesan en copeaux
10 brins de ciboulette ciselés
Sauce César
1 c. à soupe d'huile d'olive

1. Mixez grossièrement les corn-flakes. Panez les aiguillettes en les roulant dans la farine, puis dans le jaune d'œuf et enfin dans les corn-flakes.

2. Mettez les morceaux de poulet panés dans le panier de l'Easy Fry. Arrosez d'huile d'olive et faites cuire en **mode frites** pendant 10 min en les retournant à mi-cuisson.

3. Faites griller les tranches de pain au grille-pain, frottez-les avec la gousse d'ail et coupez-les en croûtons de 1 cm.

4. Dans un saladier, disposez la sucrine, le chou rouge et les tomates. Ajoutez le poulet frit et les croûtons. Arrosez de sauce César, de copeaux de parmesan et de ciboulette ciselée.

INGRÉDIENTS

4 escalopes de poulet fines

2 tranches de jambon découenné assez fines

10 cl de crème liquide

2 pincées de piment d'Espelette

200 g d'emmental râpé

150 g de farine

2 œufs battus

150 g de chapelure panko (ou de chapelure classique)

2 c. à soupe d'huile de friture

POUR LA SAUCE

1 yaourt grec

10 brins de ciboulette ciselés

1 pincée de piment d'Espelette

CORDONS-BLEUS

4 PERSONNES

20 MIN | **20 MIN**

€

SPÉCIAL KIDS

GRAND CLASSIQUE

1. Préparez la sauce. Dans un bol, mélangez le yaourt avec la ciboulette, le piment, salez et poivrez. Réservez au frais.

2. À l'aide d'un rouleau à pâtisserie, tapez les escalopes de poulet afin de les rendre très fines. Placez 1 tranche de jambon sur chaque escalope.

3. Dans un grand bol, mélangez la crème liquide, le piment, du poivre et le fromage râpé. Étalez ce mélange sur le jambon et repliez les escalopes en 2.

4. Versez la farine dans une assiette, les œufs battus dans une autre et la chapelure dans une troisième. Trempez chaque escalope dans la farine, puis dans l'œuf et enfin dans la panure.

5. Mettez les cordons-bleus dans le panier de l'Easy Fry et versez l'huile dessus. Faites cuire en **mode frites** pendant 10 min, retournez les cordons-bleus et poursuivez la cuisson 10 min.

6. Servez accompagné de frites de pomme de terre et de la sauce à la ciboulette.

INGRÉDIENTS

800 g de filet de dinde

150 g de brie de Meaux coupé en tranches

8 tranches de poitrine fumée

1 c. à soupe d'huile d'olive

RÔTI DE DINDE FARCI AU BRIE

4 PERSONNES

10 MIN 35 MIN

€

GRAND CLASSIQUE

RECETTE WAOUH

1. Ouvrez le filet de dinde dans la longueur sans aller jusqu'au bout, insérez les tranches de fromage et refermez le filet. Salez et poivrez. Bardez le filet avec les tranches de poitrine fumée. Ficelez le tout à l'aide de ficelle alimentaire afin d'obtenir un rôti.

2. Mettez le rôti dans le panier de l'Easy Fry, arrosez d'huile d'olive et lancez le **mode poulet** pour 15 min à 180 °C. Retournez le rôti, déglacez le fond du panier avec 1 petit verre d'eau et relancez la cuisson pour 20 min.

3. Servez accompagné de spaghettis et du jus de cuisson.

INGRÉDIENTS

3 cuisses de confit de canard sans la peau

600 g de patates douces en cubes surgelées

2 échalotes émincées

2 gousses d'ail hachées

6 champignons de Paris émincés

½ botte de persil ciselée

50 g de beurre en dés

8 cl de lait tiède

1 c. à café rase de piment d'Espelette

1 c. à soupe de graines de courge

1 c. à soupe d'huile d'olive

PARMENTIER DE CANARD À LA PURÉE DE PATATES DOUCES

4 PERSONNES

20 MIN | **26 MIN**

€€

GRAND CLASSIQUE

1. Effilochez la viande. Faites revenir dans une poêle les échalotes et l'ail avec l'huile d'olive à feu moyen pendant 3 min. Ajoutez les champignons, le persil et la viande. Remuez pendant 3 min et réservez.

2. Faites décongeler les cubes de patates douces au micro-ondes le temps indiqué sur le paquet. Écrasez-les à la fourchette dans un saladier, ajoutez le beurre et le lait, puis remuez jusqu'à obtenir une consistance de purée. Salez et poivrez, ajoutez le piment d'Espelette et remuez.

3. Mettez la viande dans un plat à gratin ou au fond du panier de l'Easy Fry. Ajoutez la purée de patates douces et les graines de courge et faites cuire en **mode grill** pendant 20 min.

4. Dégustez accompagné d'une salade de roquette.

INGRÉDIENTS

1 kg de travers de porc

POUR LA MARINADE

Le jus de 1 citron

½ c. à café de gingembre en poudre

80 g de miel

5 cl de sauce soja

½ c. à café de quatre-épices
10 g de fécule de maïs

1 gousse d'ail hachée
2 c. à soupe d'huile d'olive

RIBS DE PORC LAQUÉS

4 PERSONNES

20 MIN · **3 H** · **50 MIN**

€

TOUR DU MONDE

1. Préparez la marinade. Mélangez tous les ingrédients dans une petite casserole. Portez à ébullition en mélangeant, puis laissez refroidir.

2. Badigeonnez les travers de porc de cette marinade dans un plat et laissez reposer 3 h au minimum.

3. Placez les travers de porc avec un peu de marinade dans le panier de l'Easy Fry et faites cuire 25 min à 160 °C. Retournez-les, ajoutez le reste de marinade et relancez la cuisson pour 25 min.

4. Servez accompagné de potatoes.

INGRÉDIENTS

600 g d'échine de porc en morceaux de 2 cm

300 g de nouilles asiatiques aux œufs

100 g de sucre

1 c. à soupe de graines de sésame

1 tige de cébette ciselée

4 c. à soupe d'huile végétale

POUR LA MARINADE

3 c. à soupe de sauce soja

3 c. à soupe de sauce nuoc-mâm

1 cm de gingembre frais râpé

2 gousses d'ail hachées

1 petit piment frais haché

PORC AU CARAMEL

4 PERSONNES

20 MIN · 1 H · 20 MIN

€

TOUR DU MONDE

RECETTE WAOUH

1. Préparez la marinade. Dans un bol, mélangez tous les ingrédients. Versez cette sauce dans un saladier, ajoutez la viande, mélangez bien le tout, puis laissez reposer 1 h.

2. Faites cuire les nouilles selon les indications du paquet, puis réservez.

3. Faites chauffer l'huile et le sucre à feu vif dans une casserole jusqu'à l'obtention d'un caramel clair.

4. Versez-le dans le panier de l'Easy Fry, puis ajoutez la viande et la marinade. Versez 20 cl d'eau chaude et lancez le **mode viandes** pour 10 min. Ajoutez les nouilles, mélangez le tout et relancez la cuisson pour 5 min.

5. Saupoudrez de graines de sésame et de cébette ciselée.

SANDWICHS AU PULLED PORK

4 PERSONNES

25 MIN · 2 H 30

€

TOUR DU MONDE

INGRÉDIENTS

2 baguettes tradition aux graines

2 avocats

Le jus de 1 citron vert

8 tranches de cheddar

1 petite poignée de roquette

4 brins de coriandre ciselés

POUR LA VIANDE

600 g de palette de porc

250 g de sauce barbecue

1 petit oignon en lamelles

1,5 c. à soupe de paprika fumé

1 c. à café bombée de poivre noir en grains

2 branches de romarin

2 branches de thym

1 clou de girofle

15 cl de bouillon de volaille

1. Préparez la viande. Déposez les lamelles d'oignon au fond du panier de l'Easy Fry. Mélangez le paprika avec la sauce barbecue. Versez un peu de sauce barbecue au fond du panier, ajoutez le poivre, les herbes, le clou de girofle et le bouillon. Au pinceau, enduisez généreusement la viande avec le reste de la sauce barbecue, puis déposez-la dans le panier.

2. Lancez le **mode viandes** pour 1 h à 150 °C, puis ajoutez un petit verre d'eau au fond du panier et mélangez le jus. Relancez la cuisson pour 1 h. Retournez de nouveau la viande et poursuivez la cuisson 30 min.

3. Lorsque la viande est cuite, effilochez-la à la fourchette. Filtrez le jus de cuisson et mélangez la viande avec la sauce. Réservez.

4. Épluchez les avocats, écrasez-les à la fourchette, salez et poivrez, arrosez de jus de citron.

5. Coupez les baguettes en 4 morceaux. Incisez-les sans aller jusqu'au bout pour les garnir. Tartinez-les de guacamole, ajoutez la viande, 2 tranches de cheddar, de la roquette et de la coriandre ciselée.

INGRÉDIENTS

4 belles feuilles de chou vert

500 g de chair à saucisse

½ botte de persil ciselée

2 échalotes ciselées

3 champignons de Paris

4 grosses pincées de piment d'Espelette

1 c. à soupe d'huile d'olive

CHOUX FARCIS

4 PERSONNES

20 MIN **28 MIN**

€

GRAND CLASSIQUE

1. Faites blanchir les feuilles de chou dans un grand volume d'eau bouillante pendant 3 min. Laissez refroidir, puis coupez un bout de la tige centrale pour pouvoir plier les feuilles.

2. Mélangez la chair à saucisse avec le persil, les échalotes, les champignons, le piment, du sel et du poivre.

3. Déposez 2 c. à soupe de farce sur chaque feuille de chou et repliez-les comme un chausson. Scellez les choux farcis avec de la ficelle alimentaire.

4. Mettez-les dans le panier de l'Easy Fry, arrosez d'huile d'olive et faites cuire 15 min à 200 °C. Retournez les choux et relancez la cuisson pour 10 min.

5. Servez accompagné de quinoa et du jus de cuisson.

INGRÉDIENTS

3 grosses pommes de terre type monalisa

150 g de lardons fumés

200 g de champignons de Paris émincés

1 gros oignon émincé

1 c. à soupe d'herbes de Provence

15 cl de crème fraîche

50 g de gruyère râpé

POMMES DE TERRE FARCIES FAÇON CARBONARA

4 PERSONNES

15 MIN **50 MIN**

€

SPÉCIAL KIDS

1. Mettez les pommes de terre nettoyées dans un faitout rempli d'eau froide salée. Faites cuire pendant environ 30 min, il faut que la chair soit fondante. Égouttez-les, coupez-les en 2 dans le sens de la longueur et laissez refroidir.

2. Creusez délicatement les pommes de terre pour enlever de la chair, sans aller jusqu'au bout.

3. Faites revenir l'oignon, les champignons et les lardons dans une poêle en remuant régulièrement pendant 5 min. Poivrez, ajoutez les herbes de Provence, la crème fraîche et la chair de pommes de terre écrasée à la fourchette, puis mélangez.

4. Remplissez de ce mélange les demi-pommes de terre, mettez-les dans le panier de l'Easy Fry et lancez le **mode grill** pour 10 min. Saupoudrez les pommes de terre de gruyère râpé puis relancez la cuisson pour 5 min.

5. Dégustez accompagné de salade verte et de tomates cerises.

BOULETTES DE PORC TERIYAKI

INGRÉDIENTS

500 g d'échine de porc hachée

300 g de riz

½ blanc de poireau émincé
1 cébette émincée
1 gousse d'ail émincée
2 c. à soupe de chapelure
1 œuf

1 cm de gingembre frais râpé

1 c. à soupe de sauce soja
Herbes fraîches au choix (facultatif)
1 c. à soupe d'huile neutre

POUR LA SAUCE TERIYAKI

10 cl de sauce soja
1 c. à soupe de vinaigre de riz
20 g de sucre brun
1 cm de gingembre frais râpé
1 c. à café de fécule de maïs

4 PERSONNES

30 MIN | 24 MIN

€

TOUR DU MONDE

1. Dans un saladier, mélangez la viande hachée, la cébette, l'ail, le poireau, la chapelure, l'œuf, le gingembre, la sauce soja et du poivre. Lorsque le mélange est homogène, formez des boulettes à la main.

2. Déposez les boulettes dans le panier de l'Easy Fry, arrosez d'huile et faites cuire 12 min à 180 °C. Retournez les boulettes et relancez la cuisson pour 12 min.

3. Pendant ce temps, faites cuire le riz en suivant les instructions du paquet.

4. Préparez ensuite la sauce. Dans une grande casserole à feu doux, faites chauffer la sauce soja, 10 cl d'eau et le vinaigre de riz. Ajoutez le sucre et laissez-le fondre. Ajoutez le gingembre râpé. Délayez la fécule de maïs dans 1 c. à soupe d'eau et ajoutez-la dans la casserole. Augmentez le feu et laissez cuire jusqu'à épaississement.

5. Lorsque les boulettes sont cuites, ajoutez-les dans la casserole, enrobez-les de sauce et servez-les accompagnées du riz, avec éventuellement quelques herbes.

INGRÉDIENTS

4 tranches de pain de mie (ou de pain de campagne)

2 tranches de jambon découenné

50 g de comté râpé

2 tranches de fromage pour croque-monsieur

2 œufs

25 g de beurre ramolli

2 c. à soupe de lait

1 pincée de noix de muscade

CROQUE-MADAME AU COMTÉ

2 PERSONNES

15 MIN 20 MIN

€

GRAND CLASSIQUE

SPÉCIAL KIDS

1. Beurrez les tranches de pain sur une seule face. Posez 1 tranche de fromage et 1 tranche de jambon pliée en 2 sur la face non beurrée de 1 tranche de pain. Placez 1 autre tranche de pain dessus, face beurrée sur le haut. Procédez de même pour former un second croque.

2. Dans un bol, mélangez le lait avec le comté, la muscade et du poivre. Répartissez ce mélange sur les croques.

3. Déposez-les dans le panier de l'Easy Fry tapissé de papier sulfurisé. Faites cuire 10 min à 180 °C, puis retournez les croques et relancez la cuisson pour 10 min.

4. Pendant ce temps, faites cuire les œufs au plat dans une poêle beurrée. Déposez 1 œuf sur chaque croque.

5. Servez accompagné de salade et de frites.

OPINEL

INGRÉDIENTS

400 g de haricots blancs secs

4 cuisses de confit de canard

300 g de saucisse de Toulouse
2 oignons
3 clous de girofle
2 feuilles de laurier

1 tête d'ail

2 carottes en rondelles

2 tomates pelées et en morceaux
2 c. à café de bicarbonate
2 c. à soupe de chapelure
5 brins de persil ciselé

CASSOULET GRATINÉ

4 PERSONNES

20 MIN | 12 H | 2 H 40

€

GRAND CLASSIQUE

RECETTE WAOUH

1. La veille, faites tremper les haricots blancs dans de l'eau froide.

2. Le lendemain, égouttez-les et mettez-les dans un faitout, puis couvrez-les d'eau. Ajoutez le bicarbonate, 1 oignon épluché et piqué des clous de girofle, 1 feuille de laurier, puis portez à ébullition. Écumez et laissez cuire encore 5 min. Jetez l'eau, retirez l'oignon et le laurier, puis égouttez les haricots blancs.

3. Dans le faitout, faites revenir quelques minutes les cuisses de canard (en ayant retiré au préalable un peu de graisse), la saucisse, 1 oignon émincé, la tête d'ail, les rondelles de carottes, les tomates et les haricots blancs. Ajoutez 1,5 l d'eau et 1 feuille de laurier. À ébullition, baissez le feu et laissez mijoter 2 h à couvert et à feu très doux (si besoin, rajoutez un peu d'eau).

4. Remplissez le panier de l'Easy Fry en alternant viandes et haricots, puis ajoutez 2 à 3 louches d'eau de cuisson. Saupoudrez de chapelure et lancez le **mode grill** pour 20 min.

5. Parsemez de persil ciselé au moment de servir.

OPINEL

INGRÉDIENTS

2 tranches de pain
de campagne grillées

2 tranches de jambon
découenné

12,5 cl de bière blonde

400 g de cheddar rouge râpé

2 c. à soupe de moutarde

WELSH FRITES

2 PERSONNES

10 MIN **43 MIN**

€

GRAND CLASSIQUE

1. Dans 2 plats à gratin, disposez le pain, puis le jambon.

2. Dans une casserole, versez la bière et faites chauffer à feu moyen pendant 5 min. Quand la bière est bien chaude, ajoutez le cheddar râpé et faites-le fondre en remuant sans arrêt avec une cuillère en bois à feu doux pendant environ 8 min. Ajoutez la moutarde et mélangez afin d'obtenir une sauce homogène.

3. Versez la sauce dans les plats. Mettez un plat dans le panier de l'Easy Fry et faites cuire en **mode grill** pendant 15 min. Répétez l'opération avec l'autre plat.

4. Servez accompagné de patatoes.

INGRÉDIENTS

8 feuilles de brick

250 g de bœuf haché
1 oignon émincé
1 gousse d'ail hachée
1 tomate en petits cubes
80 g de petits pois surgelés
1 cm de gingembre frais haché
1 c. à café bombée de curry
4 brins de coriandre ciselée
1 c. à soupe de jus de citron
1 jaune d'œuf battu
Huile d'olive

POUR LA SALADE

120 g de lentilles corail

10 tomates cerises coupées en 2
1 concombre en dés
2 c. à soupe de raisins secs
1 oignon rouge ciselé
½ botte de persil, de menthe et de coriandre ciselées
2 c. à soupe de jus de citron
2 c. à soupe d'huile d'olive

SAMOUSSAS AU BŒUF ET SALADE DE LENTILLES

16 PIÈCES

25 MIN 53 MIN

€

TOUR DU MONDE

1. Dans une poêle, faites revenir l'oignon et l'ail dans un peu d'huile d'olive pendant 3 min à feu moyen. Ajoutez la viande et poursuivez la cuisson 5 min. Salez et poivrez, puis incorporez les cubes de tomate et les petits pois, le gingembre et le curry. Poursuivez la cuisson 5 min, puis ajoutez la coriandre ciselée et le jus de citron et remuez bien. Réservez dans un plat et laissez refroidir.

2. Préparez la salade. Faites cuire les lentilles selon les indications du paquet. Laissez-les refroidir, puis mélangez-les avec les tomates et le concombre, les raisins secs, l'oignon et les herbes ciselées. Arrosez d'huile d'olive et de jus de citron, salez et poivrez, puis réservez au frais.

3. Coupez chaque feuille de brick en demi-cercles et placez-y un peu de préparation au bœuf. Repliez les feuilles de brick en triangles pour former les samoussas et badigeonnez-les de jaune d'œuf à l'aide d'un pinceau.

4. Mettez 6 samoussas dans le panier de l'Easy Fry et lancez le **mode gâteau** pour 5 min, retournez-les et relancez la cuisson pour 5 min. Répétez l'opération avec le reste des samoussas.

INGRÉDIENTS

6 feuilles de lasagnes fraîches

250 g de bœuf haché

450 g de coulis de tomate

250 g de ricotta émiettée

250 g de mozzarella en tranches

70 g de parmesan râpé

2 gousses d'ail émincées
1 oignon émincé
3 pincées d'herbes de Provence
½ botte de basilic ciselée
3 c. à soupe d'huile d'olive

LASAGNES AU BŒUF

4 PERSONNES

20 MIN 38 MIN

€

GRAND CLASSIQUE

SPÉCIAL KIDS

1. Préchauffez l'Easy Fry 5 min à 180 °C. Déposez l'ail et l'oignon dans le panier, versez 1 c. à soupe d'huile d'olive, mélangez et faites cuire 3 min.

2. Ajoutez la viande et mélangez. Versez 1 c. à soupe d'huile d'olive et relancez la cuisson pour 5 min.

3. Ajoutez le coulis de tomate et les herbes de Provence, mélangez, salez et poivrez. Réservez et nettoyez le panier de l'Easy Fry.

4. Procédez au montage des lasagnes : versez le reste d'huile d'olive au fond du panier de l'Easy Fry. Disposez 3 feuilles de lasagnes, puis la moitié de la sauce au bœuf, la moitié de la ricotta et la moitié de la mozzarella. Parsemez de basilic ciselé.

5. Couvrez de 3 feuilles de lasagnes et ajoutez le reste des ingrédients de la même manière. Saupoudrez de parmesan râpé et faites cuire 30 min à 180 °C.

INGRÉDIENTS

1 pâte feuilletée rectangulaire

300 g de bœuf haché

1 oignon émincé

2 gousses d'ail émincées

1 tranche de pain de mie sans croûte

½ verre de lait

1 c. à café de cumin

4 brins de persil et de coriandre hachés

2 œufs

2 c. à soupe d'huile d'olive

FRIANDS AU BŒUF

4 PERSONNES

25 MIN · 1 H 20

€

GRAND CLASSIQUE

SPÉCIAL KIDS

1. Faites revenir l'ail et l'oignon, dans une poêle avec 1 c. à soupe d'huile d'olive 5 min à feu moyen. Réservez.

2. Dans un bol, mettez le pain à tremper dans le lait, puis pressez-le entre les mains pour l'égoutter.

3. Dans un saladier, mélangez le bœuf avec le cumin, le persil, la coriandre, l'oignon et l'ail cuits, le reste d'huile d'olive, du sel et du poivre. Ajoutez 1 œuf battu et le pain de mie en morceaux. Mélangez bien afin d'obtenir une farce homogène.

4. Déroulez la pâte feuilletée et coupez-la en 4 rectangles. Badigeonnez les bords d'œuf battu, déposez 1 c. à soupe de farce sur la moitié de chaque rectangle et repliez l'autre moitié dessus. Appuyez bien sur les bords pour les souder. Badigeonnez les friands du reste d'œuf battu. Réalisez des croisillons sur la pâte à la fourchette.

5. Déposez 2 friands dans le panier de l'Easy Fry tapissé de papier sulfurisé et faites cuire 20 min à 180 °C. Retournez les friands et relancez la cuisson pour 20 min. Répétez l'opération avec les autres friands.

6. Servez avec des frites et des crudités.

INGRÉDIENTS

800 g de rôti de bœuf (rumsteck) bardé

2 branches de thym

500 g de champignons de Paris

20 g de beurre en morceaux

½ botte de persil ciselée

2 gousses d'ail hachées
3 c. à soupe d'huile d'olive

RÔTI DE BŒUF AU THYM ET CHAMPIGNONS AUX HERBES

4 PERSONNES

20 MIN | 20 MIN

€€

RECETTE WAOUH

1. Mettez le rôti dans le panier de l'Easy Fry avec le thym. Salez-le, ajoutez le beurre et 1 c. à soupe d'huile d'olive. Lancez le **mode viandes** pour 10 min.

2. Pendant ce temps, nettoyez les champignons, coupez-les en 2, puis faites-les revenir dans une poêle avec 2 c. à soupe d'huile d'olive à feu moyen pendant 5 min en remuant régulièrement. Ajoutez le persil et l'ail et faites sauter pendant 3 min. Salez et poivrez, puis réservez dans un plat.

3. Retournez le rôti, versez un petit fond d'eau et poursuivez la cuisson 10 min pour une viande saignante. Poivrez la viande, récupérez le jus de cuisson et coupez-la en tranches.

4. Servez avec les champignons, le jus de cuisson de la viande et du riz.

INGRÉDIENTS

1,2 kg de bœuf à braiser en dés

30 cl de vin de Bourgogne

2 carottes en rondelles

1 oignon émincé
20 g de farine

1 gousse d'ail

4 brins de persil ciselés

1 feuille de laurier
2 branches de thym
1 cube de bouillon de bœuf
2 c. à soupe d'huile d'olive

BŒUF BOURGUIGNON

6 PERSONNES

20 MIN **1 H 45**

€€

GRAND CLASSIQUE

1. Placez les carottes et l'oignon dans le panier de l'Easy Fry avec 1 c. à soupe d'huile. Faites cuire 5 min à 180 °C.

2. Remuez et ajoutez la viande dans le panier avec le reste d'huile, puis relancez la cuisson pour 5 min.

3. Mélangez et faites cuire de nouveau 5 min. Ajoutez la farine, versez le vin et mélangez.

4. Ajoutez la gousse d'ail en chemise, le thym et le laurier, salez, poivrez, émiettez le cube de bouillon, et couvrez d'eau à hauteur. Faites cuire 1 h 30 à 140 °C, en remuant à mi-cuisson. Au moment de servir, parsemez de persil.

INGRÉDIENTS

1 tranche de bœuf (rumsteak) de 500 g

250 g de riz basmati

2 c. à soupe de jus de citron vert

4 brins de coriandre ciselés

1 cébette ciselée

POUR LA MARINADE

2 c. à soupe de sauce soja
1 c. à soupe de sauce d'huîtres
1 gousse d'ail hachée
1 morceau de gingembre frais râpé
1 petit piment rouge émincé
1 c. à soupe d'huile d'olive

BŒUF FAÇON TIGRE QUI PLEURE

4 PERSONNES

20 MIN **1 H** **6 MIN**

€

TOUR DU MONDE

RECETTE WAOUH

1. Préparez la mariande. Dans un bol, mélangez tous les ingrédients. Mettez à mariner la viande dans cette sauce pendant 1 h au frais.

2. Déposez la viande avec la marinade dans le panier de l'Easy Fry et lancez le **mode viandes** pour 3 min. Retournez-la et relancez la cuisson pour 3 min. Laissez refroidir la viande.

3. Déglacez les sucs de cuisson de la viande avec le jus de citron vert, puis remettez la viande dans la sauce et coupez-la en tranches.

4. Rincez et faites cuire le riz 10 min dans une casserole d'eau bouillante salée, puis égouttez-le.

5. Servez la viande accompagnée de riz, nappée de sauce et saupoudrée de coriandre et de cébette.

INGRÉDIENTS

4 paupiettes de veau

150 g d'olives vertes dénoyautées

480 g de tomates pelées avec leur jus en boîte

1 gousse d'ail émincée

1 oignon émincé

3 branches de thym

1 feuille de laurier

1 c. à soupe de fond de veau

1 c. à soupe d'huile d'olive

PAUPIETTES DE VEAU AUX OLIVES ET TOMATES

4 PERSONNES

20 MIN **45 MIN**

€€

GRAND CLASSIQUE

1. Placez les paupiettes de veau dans le panier de l'Easy Fry avec l'ail et l'oignon, arrosez-les d'huile d'olive, salez et poivrez, puis lancez le **mode viandes** pour 15 min.

2. Mélangez le tout, puis ajoutez les tomates pelées coupées grossièrement et leur jus, le thym, le laurier, les olives, le fond de veau, et relancez la cuisson pour 20 min. Retournez les paupiettes, mélangez le jus, ajoutez de l'eau si besoin, et relancez la cuisson pour 10 min.

3. Servez accompagné de pâtes.

INGRÉDIENTS

2 bottes d'asperges vertes

40 g de copeaux de parmesan

Quelques feuilles de basilic ciselées

2 c. à soupe d'huile d'olive

Fleur de sel

POUR LES ESCALOPES MILANAISES

4 escalopes de veau

75 g de farine

1 pincée de piment d'Espelette

1 c. à soupe de thym séché

1 citron non traité

2 œufs

50 g de chapelure panko (ou de chapelure classique)

1 c. à soupe de persil ciselé

50 g de parmesan râpé

3 c. à soupe d'huile d'olive

ESCALOPES MILANAISES ET ASPERGES GRILLÉES

4 PERSONNES

25 MIN — 36 MIN

€€

TOUR DU MONDE

RECETTE WAOUH

1. Nettoyez les asperges, épluchez-les et coupez la partie dure de la tige. Disposez-les dans le panier de l'Easy Fry, versez l'huile d'olive et lancez le **mode grill** pour 10 min. Retournez-les et relancez la cuisson pour 10 min. Débarrassez-les dans un plat, parsemez de fleur de sel et de poivre. Lavez le panier de l'Easy Fry.

2. Préparez les escalopes. Dans une assiette creuse, mettez la farine avec le piment d'Espelette, 1 pincée de sel, le thym et le zeste de ½ citron. Dans une deuxième assiette creuse, battez les œufs en omelette, salez et poivrez. Dans la dernière, mélangez la chapelure, le persil et le parmesan. Trempez les escalopes de veau dans la farine, puis secouez un peu pour ôter l'excédent et trempez dans les œufs, puis dans le mélange chapelure-parmesan.

3. Mettez les escalopes dans le panier de l'Easy Fry, arrosez-les d'huile d'olive. Lancez le **mode viandes** pour 8 min, retournez-les et relancez la cuisson pour 8 min.

4. Dégustez les escalopes arrosées de jus de citron, accompagnées d'asperges grillées, de copeaux de parmesan et de basilic ciselé.

OPINEL INOX

INGRÉDIENTS

4 escalopes de veau de 120 g chacune

400 g de penne

20 feuilles de sauge

150 g de mozzarella en rondelles

8 tranches de poitrine fumée

160 g de pesto rosso

5 brins de persil ciselés

Parmesan râpé

1 filet d'huile d'olive

SALTIMBOCCAS ET PÂTES

4 PERSONNES

25 MIN 25 MIN

€€

SPÉCIAL KIDS

RECETTE WAOUH

1. Aplatissez les escalopes à l'aide d'un rouleau à pâtisserie, salez et poivrez-les. Tapissez la moitié de chaque escalope avec 5 feuilles de sauge, recouvrez de mozzarella et roulez-les bien serrées en boudin. Entourez-les avec 2 tranches de poitrine fumée et piquez avec un cure-dent pour maintenir les saltimboccas.

2. Mettez-les dans le panier de l'Easy Fry, arrosez-les d'huile d'olive et lancez le **mode viandes** pour 15 min. Retournez-les et relancez la cuisson pour 10 min.

3. Pendant ce temps, faites cuire les pâtes dans un grand volume d'eau bouillante salée pendant 10 min.

4. Réchauffez le pesto dans une poêle, ajoutez 1 petite louche de jus de cuisson des pâtes. Égouttez les pâtes et mettez-les dans la poêle avec le pesto, puis mélangez bien le tout.

5. Servez les saltimboccas avec les pâtes saupoudrées de persil ciselé et de parmesan râpé.

INGRÉDIENTS

1 épaule d'agneau de 1 kg environ

2 c. à soupe de miel liquide

250 g d'abricots secs

2 branches de romarin

200 g de semoule
2 gousses d'ail épluchées
30 cl de bouillon de volaille
1 étoile de badiane
1 bâton de cannelle
1 oignon émincé

70 g d'amandes émondées
½ bouquet de coriandre ciselé
1 c. à soupe d'huile d'olive

ÉPAULE D'AGNEAU RÔTIE AU MIEL, ABRICOTS ET ROMARIN

4 PERSONNES

20 MIN | **50 MIN**

€€

RECETTE WAOUH

1. Incisez l'épaule d'agneau à 2 endroits et enfoncez-y les gousses d'ail, puis salez et poivrez. Mélangez le miel avec l'huile d'olive et enduisez la viande de ce mélange.

2. Placez la viande dans le panier de l'Easy Fry et lancez le **mode viandes** pour 15 min à 160 °C. Retournez l'épaule, arrosez-la du bouillon, ajoutez la badiane, la cannelle, l'oignon émincé, les abricots, les amandes et le romarin, puis relancez la cuisson pour 15 min. Retournez l'épaule de nouveau, relancez la cuisson pour 20 min.

3. Préparez la semoule selon les indications du paquet. Coupez l'épaule d'agneau en tranches, servez-la avec le bouillon de cuisson aux abricots, de la coriandre ciselée et la semoule.

INGRÉDIENTS

4 pains pita

400 g d'agneau dans le gigot

2 gousses d'ail

½ oignon en lamelles

½ concombre en fines rondelles

16 tomates cerises coupées en 2

1 petit piment rouge émincé

1 petite poignée de pousses d'épinards

Sauce samouraï

POUR LA MARINADE

1 c. à café rase de cumin

1 c. à café de ras el-hanout

½ c. à café rase de piment de Cayenne

2 c. à soupe d'huile d'olive

KEBAB D'AGNEAU

4 PERSONNES

25 MIN — 1 H — 30 MIN

€€

TOUR DU MONDE

1. Préparez la marinade. Dans un bol, mélangez tous les ingrédients avec du sel et du poivre.Enduisez la viande de cette marinade et laissez reposer 1 h au frais.

2. Mettez la viande dans le panier de l'Easy Fry avec l'ail, l'oignon et un fond d'eau. Lancez le **mode viandes** pour 15 min, retournez la viande, mélangez les aromates et relancez la cuisson pour 15 min.

3. Coupez la viande en fines lamelles. Mélangez-les avec le jus de cuisson et l'oignon et l'ail cuits.

4. Fendez les pains pita sans aller jusqu'au bout et garnissez-les de concombre, de tomates cerises, de piment, d'épinards, de viande et de sauce samouraï.

5. Dégustez avec des frites.

POISSONS ET FRUITS DE MER

INGRÉDIENTS

2 pavés de saumon sans la peau

15 feuilles de basilic

20 g de pignons de pin

1 gousse d'ail écrasée

2 tomates pelées en petits dés

1 échalote émincée

2,5 cl d'huile d'olive
+ 1 c. à soupe

SAUMON GRILLÉ AU PESTO ET PIGNONS

2 PERSONNES

15 MIN **12 MIN**

€€

GRAND CLASSIQUE

EXPRESS

1. Placez l'ail dans un mini-hachoir avec 10 feuilles de basilic, 2,5 cl d'huile d'olive, du sel et du poivre. Mixez pour obtenir un pesto.

2. Faites griller les pignons 2 min dans une poêle sans matière grasse, puis ajoutez-les au pesto. Rectifiez l'assaisonnement si nécessaire.

3. Nappez les pavés de saumon de pesto et de pignons. Déposez-les dans le panier de l'Easy Fry et faites cuire 10 min à 180 °C.

4. Placez les tomates et l'échalote dans un petit bol avec les feuilles restantes de basilic ciselées et 1 c. à soupe d'huile d'olive. Salez et poivrez. Servez ce condiment avec les saumons grillés.

INGRÉDIENTS

2 pâtes feuilletées

300 g de pavés de saumon sans la peau coupés en 4

200 g d'épinards (frais ou surgelés)

1 gousse d'ail émincée

2 c. à soupe de crème fraîche

1 jaune d'œuf battu

2 c. à soupe d'huile d'olive

POUR LA SAUCE

10 cl de crème fraîche

Le jus de ½ citron

2 c. à soupe de ciboulette ciselée

1 pincée de piment d'Espelette

FEUILLETÉS TRESSÉS ÉPINARDS-SAUMON

4 PERSONNES

25 MIN **41 MIN**

€

GRAND CLASSIQUE

1. Faites chauffer l'huile d'olive dans une poêle, ajoutez les épinards et l'ail, salez et poivrez. Faites-les revenir pendant 5 min. Ajoutez la crème fraîche et mélangez. Débarrassez dans un plat et laissez tiédir.

2. Coupez les pâtes feuilletées en 2, puis étalez-les en 4 rectangles. Mettez les épinards au centre en formant un grand rectangle et déposez les pavés de saumon par-dessus. Utilisez la moitié du jaune d'œuf pour badigeonner les bords de la pâte. Découpez les côtés des pâtes feuilletées en bandes d'environ 1,5 cm. Refermez-les sur la garniture pour former une tresse.

3. Badigeonnez les feuilletés avec le reste du jaune d'œuf. Déposez 2 feuilletés dans le panier de l'Easy Fry et faites cuire en **mode gâteau** pendant 12 min. Retournez les feuilletés et relancez la cuisson pour 6 min. Répétez l'opération avec les autres feuilletés.

4. Pendant ce temps, préparez la sauce. Mélangez tous les ingrédients.

5. Servez les feuilletés accompagnés de sauce et d'une salade.

INGRÉDIENTS

2 truites vidées (300 g)

1 botte d'aneth

800 g de pommes de terre
à chair farineuse pelées

2 citrons en rondelles

1 c. à café bombée de baies roses

1 vingtaine de tomates cerises

20 cl de lait tiède

10 cl de crème fraîche

15 cl d'huile d'olive
+ 2 c. à soupe pour le poisson

TRUITES GRILLÉES À L'ANETH

4 PERSONNES

25 MIN **40 MIN**

€

RECETTE WAOUH

1. Faites cuire les pommes de terre dans une grande casserole d'eau bouillante salée pendant environ 25 min.

2. Pendant ce temps, rincez et séchez les truites, puis remplissez-les d'aneth. Mettez-les dans le fond du panier de l'Easy Fry, arrosez-les de 2 c. à soupe d'huile d'olive. Salez et poivrez, puis parsemez de baies roses écrasées. Déposez les rondelles de citron et les tomates cerises autour du poisson. Lancez le **mode grill** pour 15 min.

3. Vérifiez la cuisson des pommes de terre avec un couteau`: la chair doit être tendre. Égouttez-les et écrasez-les à l'aide d'un presse-purée, puis mettez la purée dans la casserole à feu doux et incorporez l'huile d'olive. Salez et poivrez, puis versez le lait tiède en remuant à la cuillère.

4. Mélangez la crème fraîche avec le reste d'aneth ciselé, du sel et du poivre.

5. Servez les truites grillées arrosées de leur jus de cuisson et accompagnées de tomates cerises et de rondelles de citron, de la sauce à l'aneth et de la purée.

INGRÉDIENTS

300 g de thon rouge

3 brins de coriandre ciselés

POUR LA MARINADE

3 c. à soupe de sauce soja

2 c. à soupe d'huile de sésame

3 cm de gingembre frais râpé

Le jus et le zeste de 1 citron vert

3 c. à soupe de graines de sésame

TATAKI DE THON AU SÉSAME

2 PERSONNES

15 MIN **1 H** **10 MIN**

€€

TOUR DU MONDE

RECETTE WAOUH

1. Préparez la marinade. Mélangez tous les ingrédients, sauf le sésame. Faites mariner le thon dans cette préparation 1 h au frais.

2. Roulez le thon dans les graines de sésame pour l'enrober. Déposez-le dans le panier de l'Easy Fry et faites cuire 5 min à 180 °C. Retournez-le et poursuivez la cuisson 5 min.

3. Coupez le thon en tranches fines, arrosez du jus de cuisson et parsemez de coriandre.

4. Servez accompagné de riz.

INGRÉDIENTS

2 pains à burger coupés en 2

1 poignée de pousses d'épinards

½ avocat en lamelles

4 rondelles d'oignon rouge

6 rondelles de concombre

4 brins d'aneth ciselés

Sauce tartare

POUR LES GALETTES DE POISSON

200 g de cabillaud sans la peau haché

1 œuf battu

2 c. à soupe de chapelure

3 brins de ciboulettes ciselés

Le zeste de ½ citron

1 c. à soupe d'huile d'olive

BURGERS DE POISSON

2 PERSONNES

20 MIN **10 MIN**

€

EXPRESS

SPÉCIAL KIDS

1. Préparez les galettes de poisson. Dans un saladier, mélangez le cabillaud, l'œuf, la chapelure, la ciboulette, le zeste de citron, du sel et du poivre. Lorsque le mélange est homogène, formez 2 galettes assez épaisses.

2. Placez les galettes dans le panier de l'Easy Fry avec l'huile d'olive et faites cuire 5 min à 180 °C. Retournez les galettes et faites cuire de nouveau 5 min.

3. Pendant ce temps, toastez les pains, puis tartinez chaque côté de sauce tartare.

4. Déposez sur la base des pains des épinards, de l'avocat, 2 rondelles d'oignon rouge, 1 galette de poisson, 3 rondelles de concombre et de l'aneth. Salez, puis refermez avec les chapeaux.

INGRÉDIENTS

1 bar entier vidé avec écailles (500 g)

1 kg de gros sel gris

1 petit fenouil en lamelles

3 blancs d'œufs battus

Le jus de 1 citron
Huile d'olive

BAR
EN CROÛTE DE SEL

2 PERSONNES

20 MIN **20 MIN**

€€

RECETTE WAOUH

1. Rincez le poisson. Placez dans son ventre les lamelles de fenouil.

2. Mélangez le gros sel avec les blancs d'œufs battus.

3. Déposez un lit de sel dans le panier de l'Easy Fry. Ajoutez le bar dessus, puis recouvrez le poisson du reste de sel en l'enfermant bien. Faites cuire 20 min à 200 °C.

4. Cassez la croûte et récupérez le bar cuit. Retirez le fenouil. Levez les filets et servez-les arrosés d'huile d'olive et de jus de citron.

5. Dégustez accompagné de riz.

OPINEL

INGRÉDIENTS

2 filets de poisson blanc sans arête de 150 g chacun

8 cl de bière blonde

60 g de farine

1 c. à soupe de fécule de maïs

1 grosse pincée de levure chimique

½ c. à café de paprika doux

1 c. à soupe d'huile de friture

FISH AND CHIPS À LA BIÈRE

2 PERSONNES

15 MIN **15 MIN**

€

TOUR DU MONDE

EXPRESS

1. Farinez les filets de poisson. Retirez l'excédent, salez et poivrez.

2. Dans un saladier, mélangez le reste de la farine, la fécule, la levure et le paprika. Creusez un puits au centre, versez-y petit à petit la bière et mélangez-la à la farine à la fourchette. La pâte doit être assez liquide, comme une pâte à crêpes.

3. Plongez les poissons dans le saladier de pâte, puis placez-les dans le panier de l'Easy Fry avec l'huile et faites cuire 10 min à 180 °C. Retournez les poissons et poursuivez la cuisson 5 min.

4. Dégustez accompagnés de frites et de sauce tartare.

INGRÉDIENTS

500 g de morue salée sans la peau

800 g de pommes de terre à chair farineuse en gros cubes

50 cl de lait froid + 25 cl de lait chaud

1 feuille de laurier

2 gousses d'ail écrasées

15 cl de crème liquide

2 c. à soupe rases de chapelure

Quelques noisettes de beurre

3 c. à soupe d'huile d'olive

BRANDADE DE MORUE

4 PERSONNES

25 MIN 12 H 50 MIN

€

GRAND CLASSIQUE

1. Dessalez la morue 12 h dans l'eau froide en changeant l'eau 3 fois.

2. Mettez les pommes de terre dans une casserole, recouvrez-les d'eau froide, puis portez à ébullition et faites cuire 20 min. Vérifiez la cuisson avec la pointe d'un couteau, puis égouttez dans une passoire.

3. Égouttez la morue et rincez-la sous l'eau froide, puis mettez-la dans une casserole avec la feuille de laurier et recouvrez avec le lait froid. Portez à frémissement et faire cuire 15 min à feu doux.

4. Récupérez la morue à l'aide d'une écumoire et déposez-la dans un saladier. Retirez les arêtes et effilochez la chair, puis incorporez l'huile progressivement, tout en remuant avec une fourchette. Ajoutez l'ail écrasé et du poivre et mélangez.

5. Réduisez les pommes de terre en purée à l'aide d'une fourchette. Versez le lait chaud et la crème liquide sans cesser de remuer. Mélangez la purée et la morue dans un saladier.

6. Mettez cette préparation dans un plat ou directement dans le panier de l'Easy Fry. Saupoudrez de chapelure et parsemez de noisettes de beurre. Lancez le **mode grill** pour 10 à 15 min. Dégustez accompagné d'une salade verte.

INGRÉDIENTS

4 pavés de cabillaud de 150 g chacun

4 tranches d'emmental

40 g de farine

1 œuf battu

1 pincée de piment d'Espelette

50 g de chapelure
2 c. à soupe d'huile d'olive

CORDONS-BLEUS DE CABILLAUD

4 PERSONNES

20 MIN **20 MIN**

€€

SPÉCIAL KIDS

1. Rincez les pavés de cabillaud, séchez-les, salez et poivrez-les. Recouvrez-les de 1 tranche de fromage et repliez-les en 2.

2. Versez la farine dans une assiette creuse, l'œuf battu avec du piment d'Espelette, du sel et du poivre dans une autre et la chapelure dans une troisième. Passez le poisson dans la farine, puis dans l'œuf battu, et enfin dans la chapelure.

3. Versez l'huile d'olive dans le panier de l'Easy Fry et mettez-y les pavés de poisson panés. Faites cuire 10 min à 180 °C, retournez-les et poursuivez la cuisson 10 min.

4. Servez accompagné de sauce tartare et de frites de patate douce (voir recette p. 186).

INGRÉDIENTS

500 g de haddock

5 pommes de terre moyennes épluchées

1 l de lait

10 cl de crème liquide

50 g de comté râpé

4 brins d'aneth ciselés

GRATIN
DE HADDOCK

4 PERSONNES

20 MIN **35 MIN**

€

GRAND CLASSIQUE

1. Coupez les pommes de terre en rondelles fines, puis mettez-les dans une casserole remplie d'eau froide, salez et faites cuire à petits bouillons pendant 15 min à partir de l'ébullition. Égouttez-les et laissez refroidir.

2. Coupez le haddock en 2 ou 3 morceaux, mettez-les dans une casserole, puis recouvrez avec le lait (ajoutez de l'eau si nécessaire). Portez à ébullition, éteignez le feu et couvrez la casserole. Laissez pocher 10 min, puis retirez le poisson.

3. Mettez le poisson dans un plat ou directement dans le panier de l'Easy Fry et recouvrez des rondelles de pommes de terre.

4. Mélangez la crème, le comté, l'aneth et du poivre, versez sur les pommes de terre et lancez le **mode grill** pour 15 min.

INGRÉDIENTS

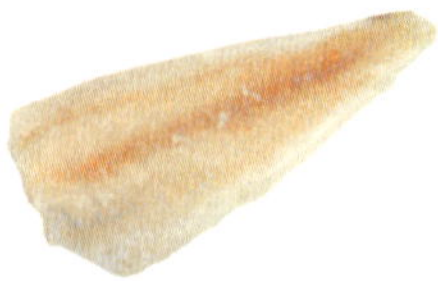

400 g de pavés de cabillaud

30 g de farine

1 œuf battu

150 g de corn-flakes

Le jus de 1 citron vert
1 c. à soupe d'huile de friture

BÂTONNETS DE POISSON PANÉ

4 PERSONNES

15 MIN 15 MIN

€

SPÉCIAL KIDS

EXPRESS

1. Coupez le poisson en lanières épaisses (1 cm environ), puis salez et poivrez-les.

2. Mettez la farine dans une assiette creuse, dans une deuxième assiette l'œuf battu et dans une troisième les corn-flakes. Trempez chaque lanière de poisson dans la farine, retirez l'excédent, puis dans l'œuf battu et enfin dans les corn-flakes.

3. Mettez les bâtonnets de poisson dans le panier de l'Easy Fry, versez l'huile de friture et lancez le **mode frites** pour 10 min. Retournez les bâtonnets et relancez la cuisson pour 5 min.

4. Arrosez les bâtonnets de jus de citron vert et servez accompagné de frites et de sauce tartare.

INGRÉDIENTS

12 petites tortillas de blé ou de maïs

1 pavé de cabillaud de 350 g

100 g de farine

1 œuf battu

100 g de chapelure panko (ou de chapelure classique)

Quelques feuilles de salade

2 avocats émincés

1 poivron en fines lamelles

1 oignon rouge en fines lamelles

2 c. à soupe de maïs en boîte égoutté

1 citron

4 brins de coriandre ciselés

Sauce pimentée

1 c. à soupe d'huile de friture

TACOS DE POISSON PANÉ

12 PETITS TACOS

15 MIN | 30 MIN

€

TOUR DU MONDE

1. Rincez le pavé de cabillaud, séchez-le, poivrez et salez.

2. Répartissez la farine, l'œuf battu et la chapelure dans 3 assiettes. Passez le pavé de poisson dans la farine en retirant l'excédent, puis dans l'œuf, puis dans la chapelure.

3. Déposez-le dans le panier de l'Easy Fry. Arrosez le poisson d'un filet d'huile et lancez le **mode frites** pour 30 min. Retournez-le à mi-cuisson. Débarrassez le poisson sur du papier absorbant et coupez-le en cubes de 2 cm.

4. Réchauffez les tortillas afin de les assouplir. Répartissez sur chaque galette de la salade, du maïs, des lamelles de poivron et d'oignon. Ajoutez les tranches d'avocats et les morceaux de poisson. Arrosez d'un filet de jus de citron et de coriandre ciselée, puis assaisonnez avec la sauce pimentée.

INGRÉDIENTS

400 g de spaghettis

400 g de crevettes crues décortiquées

Le jus de 1 citron vert

4 gousses d'ail pelées

1 petite botte de persil effeuillée

1 c. à café rase de piment de Cayenne

4 c. à soupe d'huile d'olive

PÂTES ET CREVETTES SNACKÉES À L'AIL ET CITRON

4 PERSONNES

20 MIN **10 MIN**

€

EXPRESS

1. Faites cuire les spaghettis *al dente* dans un grand volume d'eau bouillante salée, puis égouttez et réservez.

2. Pendant ce temps, dans le bol d'un mixeur, hachez finement l'ail et le persil avec le piment et 2 c. à soupe d'huile d'olive.

3. Mettez les crevettes dans le panier de l'Easy Fry avec le reste d'huile d'olive, poivrez et faites cuire 5 min à 180 °C.

4. Ajoutez les pâtes cuites et le mélange d'ail et persil dans le panier, puis remuez de nouveau. Arrosez de jus de citron vert, mélangez le tout et dégustez aussitôt.

INGRÉDIENTS

500 g d'anneaux de calamars

125 g de farine

15 cl de bière

1 œuf + 2 blancs
2 c. à soupe d'huile neutre

CALAMARS À LA ROMAINE

15 PIÈCES

20 MIN · 1 H · 12 MIN

€

TOUR DU MONDE

RECETTE WAOUH

1. Dans un saladier, versez la farine, faites un puits, versez-y la bière, ½ c. à café de sel et l'œuf entier. Mélangez à l'aide d'un fouet en incorporant la farine progressivement. La pâte doit être assez liquide et homogène. Versez 1 c. à soupe d'huile à la surface de la pâte, filmez et réservez 1 h au frais.

2. Montez les blancs en neige très ferme avec 1 pincée de sel. Incorporez-les délicatement dans la pâte à beignets.

3. Trempez les anneaux de calamars dans cette pâte. Déposez-les dans le panier de l'Easy Fry, ajoutez l'huile restante et faites cuire 8 anneaux pendant 3 min à 200 °C. Retournez les anneaux et relancez la cuisson pour 3 min. Faites cuire les anneaux restants de la même façon.

4. Dégustez accompagné d'une sauce tartare.

PLATS VEGGIES

ET ACCOMPAGNEMENTS

INGRÉDIENTS

125 g d'oignons en fines lamelles

20 g de beurre

1 c. à café bombée de farine

2,5 cl de vin blanc sec

50 cl de bouillon de légumes

1 c. à café bombée de sucre

Quelques brins de thym

1 feuille de laurier

6 tranches de baguette rassies

1 gousse d'ail épluchée

50 g de gruyère râpé

Sauce rouille

SOUPE GRATINÉE À L'OIGNON

2 PERSONNES

25 MIN | **40 MIN**

€

GRAND CLASSIQUE

RECETTE WAOUH

1. Faites fondre le beurre dans une grande poêle. Ajoutez les oignons et faites-les revenir à feu doux pendant 10 min en remuant régulièrement, jusqu'à ce qu'ils soient fondants et colorés.

2. Ajoutez la farine en pluie et le vin blanc. Retirez la poêle du feu, mettez les oignons dans une grande casserole, puis versez le bouillon. Salez, poivrez, ajoutez le sucre, le thym et le laurier. Faites cuire à petit bouillon pendant 20 min.

3. Frottez les tranches de pain avec la gousse d'ail. Répartissez-les au fond de 2 bols, ajoutez un peu de gruyère râpé et remplissez avec la soupe à l'oignon. Recouvrez de gruyère, puis mettez les bols dans le panier de l'Easy Fry et lancez le **mode grill** pour 10 min.

4. Dégustez la soupe avec la sauce rouille.

INGRÉDIENTS

220 g de macaronis

175 g de cheddar râpé

75 g d'emmental râpé

35 cl de lait entier

12 cl de crème liquide entière

35 g de beurre + 1 noix

35 g de farine
1 c. à soupe d'huile d'olive

MAC & CHEESE

2 PERSONNES

20 MIN **35 MIN**

€

SPÉCIAL KIDS

TOUR DU MONDE

1. Faites cuire les pâtes *al dente* dans une grande casserole d'eau bouillante salée en suivant les instructions du paquet. Égouttez-les et placez-les dans un grand saladier avec l'huile d'olive. Mélangez bien.

2. Dans un bol, mélangez les 2 fromages. Réservez-en une petite poignée.

3. Mélangez le lait et la crème dans un récipient. Dans une grande casserole, faites fondre les 35 g de beurre. Ajoutez la farine et mélangez sans cesse à l'aide d'un fouet. Ajoutez le mélange de crème et lait petit à petit en laissant épaissir. Salez et poivrez, puis baissez le feu.

4. Ajoutez les fromages à la béchamel et mélangez jusqu'à ce qu'ils aient complètement fondu. La préparation doit être bien épaisse. Versez-la sur les pâtes et mélangez pour enrober toutes les pâtes.

5. Beurrez un petit plat à gratin et versez-y les pâtes. Saupoudrez du fromage réservé. Déposez le plat dans le panier de l'Easy Fry et faites cuire 15 min à 180 °C.

INGRÉDIENTS

POUR LE TOFU FRIT

400 g de tofu ferme en cubes épais
100 g de farine
2 œufs battus
100 g de chapelure panko (ou de chapelure classique)
Huile de friture

POUR LE PAD THAÏ

320 g de nouilles de riz
2 c. à soupe de sauce nuoc-mâm
2 c. à café de sucre de canne
2 petits piments rouges émincés
Le jus de 2 citrons verts + 1 citron pour le dressage
2 gousses d'ail hachées
2 échalotes ciselées

2 carottes en bâtonnets
200 g de champignons de Paris émincés
4 œufs battus
2 c. à soupe de cacahuètes concassées
2 cébettes émincées
4 brins de coriandre
3 c. à soupe d'huile végétale

PAD THAÏ AU TOFU FRIT

4 PERSONNES

25 MIN 25 MIN

€

TOUR DU MONDE

RECETTE WAOUH

1. Préparez le tofu frit. Panez les cubes de tofu dans la farine, puis dans les œufs et la chapelure. Mettez la moitié des morceaux de tofu panés dans le panier de l'Easy Fry, versez 1 c. à soupe d'huile et lancez le **mode frites** pendant 5 min. Retournez les cubes de tofu et relancez la cuisson 5 min, puis réservez-les dans un plat. Faites cuire le reste du tofu de la même manière.

2. Faites cuire les nouilles 4 min dans l'eau bouillante, puis égouttez-les.

3. Mélangez la sauce nuoc-mâm, le sucre de canne, le piment et le jus de citron vert.

4. Dans une poêle, faites revenir 2 min à feu moyen l'ail et les échalotes dans de l'huile, puis incorporez les carottes et les champignons et laissez cuire 3 min. Ajoutez les nouilles et faites sauter 2 min.

5. Versez la sauce sur les nouilles et laissez-les cuire encore 2 min. Versez les œufs battus sur un côté de la poêle et remuez-les afin d'obtenir des œufs brouillés, puis mélangez le tout.

6. Servez le pad thaï dans 4 bols, puis parsemez de cacahuètes, de cébettes, de tofu frit, de coriandre et de tranches de citron vert.

INGRÉDIENTS

500 g de pommes de terre en fines rondelles

15 cl de crème liquide

10 cl de lait entier

1 gousse d'ail épluchée

1 pincée de noix de muscade

1 noix de beurre

GRATIN DAUPHINOIS

2 PERSONNES

15 MIN **40 MIN**

€

GRAND CLASSIQUE

1. Frottez un petit plat à gratin avec la gousse d'ail, puis beurrez-le. Disposez une couche de pommes de terre dans le plat, salez, poivrez, ajoutez un peu de muscade et répétez l'opération jusqu'à épuisement des pommes de terre.

2. Mélangez la crème et le lait, versez-les sur les pommes de terre, puis déposez le plat dans le panier de l'Easy Fry et faites cuire 40 min à 160 °C.

3. Servez accompagné d'une salade verte.

INGRÉDIENTS

2 pains à burger

1 petite courgette jaune
1 petite poignée de pousses d'épinards
4 rondelles d'oignon rouge

2 tranches de cheddar
Sauce béarnaise
Sauce barbecue

POUR LES STEAKS DE POIS CHICHES

200 g de pois chiches en boîte

100 g de courgettes en morceaux
200 g de lentilles vertes cuites
150 g de parmesan râpé
2 oignons nouveaux hachés
1 gousse d'ail hachée
4 brins de coriandre et de persil ciselés
1 c. à café de piment d'Espelette
150 g de chapelure
2 œufs battus
1 c. à soupe d'huile d'olive

BURGERS VEGGIES

2 PERSONNES

25 MIN — 16 MIN

€

SPÉCIAL KIDS

1. Préparez les steaks. Mixez le parmesan, les oignons, l'ail, les herbes, les courgettes, les pois chiches, les lentilles, le piment, du sel et du poivre jusqu'à obtenir une pâte homogène. Débarrassez la préparation dans un saladier, puis ajoutez la chapelure et les œufs battus. Mélangez bien l'ensemble et formez 2 steaks.

2. Mettez-les dans le panier de l'Easy Fry et versez l'huile d'olive, puis faites cuire en **mode légumes** pendant 8 min. Retournez-les et relancez la cuisson pour 8 min.

3. À l'aide d'une mandoline ou d'un épluche-légumes, réalisez des lamelles très fines de courgette jaune. Toastez les pains et tartinez la base de sauce béarnaise, ajoutez quelques pousses d'épinards, puis les steaks. Surmontez de 2 rondelles d'oignon rouge, de cheddar et enfin de sauce barbecue.

4. Dégustez accompagné de frites.

INGRÉDIENTS

2 pains à panini

1 courgette

8 rondelles fines d'aubergine

6 rondelles de tomate

½ bûche de chèvre en rondelles

6 feuilles de basilic

Herbes de Provence

Huile d'olive

PANINIS AUX LÉGUMES DU SOLEIL ET CHÈVRE

2 PERSONNES

15 MIN 20 MIN

€

TOUR DU MONDE

1. Réalisez des rubans de courgette à l'Économe.

2. Placez les rondelles d'aubergine dans le panier de l'Easy Fry, arrosez de 1 c. à soupe d'huile d'olive, parsemez d'herbes de Provence, salez et poivrez. Faites cuire en **mode grill** pendant 5 min, puis retournez les aubergines, ajoutez les rubans de courgette et les rondelles de tomate, 1 c. à soupe d'huile d'olive, du sel, du poivre et des herbes de Provence. Relancez le **mode grill** pour 5 min.

3. Fendez les pains en 2 dans la longueur sans aller jusqu'au bout. Remplissez-les de légumes grillés, ajoutez dessus les rondelles de chèvre et les feuilles de basilic. Refermez les pains et badigeonnez-les d'huile d'olive au pinceau.

4. Mettez les paninis dans le panier de l'Easy Fry et faites cuire en **mode grill** pendant 5 min. Retournez-les et poursuivez la cuisson 5 min.

INGRÉDIENTS

8 tranches de pain de campagne

2 tomates en rondelles

2 boules de mozzarella en rondelles

2 c. à soupe de pignons de pin

POUR LE PESTO

1 botte de basilic ciselée

40 g de pignons de pin

40 g de parmesan râpé

1 gousse d'ail hachée

12 cl d'huile d'olive

BRUSCHETTAS AUX TOMATES, MOZZARELLA ET PESTO

4 PERSONNES

10 MIN **20 MIN**

€

TOUR DU MONDE

EXPRESS

1. Préparez le pesto. Dans le bol d'un mixeur, mettez tous les ingrédients et mixez afin d'obtenir une pâte.

2. Nappez chaque tranche de pain de pesto. Ajoutez 1 rondelle de tomate, puis 2 tranches de mozzarella, à nouveau du pesto et des pignons de pin.

3. Placez 4 bruschettas dans le panier de l'Easy Fry et faites cuire en **mode grill** pendant 10 min. Répétez l'opération avec le reste des bruschettas.

4. Dégustez les bruschettas tièdes, accompagnées de roquette.

INGRÉDIENTS

12 feuilles de brick

600 g d'épinards en branches décongelés

250 g de feta

2 oignons nouveaux émincés avec la tige

1 gousse d'ail hachée

3 pincées de piment d'Espelette
½ botte de ciboulette ciselée
½ botte de menthe ciselée
2 œufs battus
2 c. à soupe de pignons de pin
Huile d'olive

TOURTE ÉPINARDS-FETA

4 PERSONNES

25 MIN **50 MIN**

€

GRAND CLASSIQUE

1. Faites revenir les oignons dans une poêle avec un peu d'huile d'olive à feu moyen pendant 3 min en remuant de temps en temps. Ajoutez l'ail et poursuivez la cuisson 2 min. Mettez les épinards, le piment, salez et poivrez, puis faites revenir 5 min. Laissez refroidir.

2. Dans un saladier, émiettez la feta, mélangez-la aux épinards et aux herbes ciselées. Ajoutez les œufs et remuez bien.

3. Badigeonnez un moule à manqué d'huile d'olive. Posez 1 feuille de brick au fond et badigeonnez-la d'huile d'olive. Procédez de la même façon avec 8 autres feuilles en les faisant dépasser du moule. Étalez ensuite la farce aux épinards, ajoutez les pignons de pin et couvrez avec le reste des feuilles de brick, posées une à une et badigeonnées à chaque fois d'huile d'olive. Repliez les bords de la pâte à l'intérieur du moule et badigeonnez le dessus d'huile.

4. Mettez le moule dans le panier de l'Easy Fry et lancez le **mode gâteau** pour 30 min. Retournez délicatement la tourte dans le moule et relancez la cuisson pour 10 min.

5. Servez accompagné d'une salade verte.

TORTILLAS DE TOFU GRILLÉ ET LÉGUMES

4 PERSONNES

15 MIN · 10 MIN

€

EXPRESS

TOUR DU MONDE

INGRÉDIENTS

4 tortillas de maïs

200 g de tofu

¼ de chou blanc émincé

100 g de maïs en boîte égoutté

150 g de haricots rouges en boîte égouttés

2 avocats en lamelles

1 c. à soupe d'huile de sésame

4 brins de coriandre ciselées

1 petit piment rouge émincé

1 citron vert

POUR LA SAUCE

2 yaourts grecs

¼ de concombre râpé

2 pincées de piment de Cayenne

1. Préparez la sauce. Mélangez tous les ingrédients et réservez au frais.

2. Égouttez bien le tofu et coupez-le en cubes épais. Mélangez-les avec l'huile de sésame. Mettez les morceaux de tofu dans le panier de l'Easy Fry. Faites cuire en **mode grill** pendant 5 min, retournez les morceaux et relancez la cuisson pour 5 min.

3. Répartissez sur chaque tortilla du chou, du maïs, des haricots rouges, des lamelles d'avocats, de la coriandre et du piment rouge. Arrosez de jus de citron vert et assaisonnez avec 1 c. à soupe de sauce. Ajoutez enfin le tofu grillé.

BOWLS DE FALAFELS AUX HERBES

4 PERSONNES

25 MIN · 1 H · 25 MIN

€

TOUR DU MONDE

INGRÉDIENTS

POUR LES FALAFELS

150 g de pois chiches en boîte

80 g de petits pois surgelés

1 oignon coupé finement

1 c. à soupe de jus de citron vert

½ botte d'aneth, de menthe, de coriandre et de persil ciselées

1 c. à café de sel

2 c. à soupe de graines de courge

1 c. à soupe bombée de semoule fine

2 c. à soupe d'huile d'olive + 1 c. à soupe pour la cuisson

POUR LA SALADE

240 g de lentilles vertes

2 carottes râpées

½ chou rouge émincé

4 c. à soupe de houmous

½ grenade égrainée

2 c. à soupe de graines de courge

4 brins de coriandre ciselés

1 citron

Huile d'olive

1. Préparez les falafels. Mixez les pois chiches égouttés jusqu'à obtenir une consistance sableuse. Ajoutez les autres ingrédients et continuez à mixer pour former une pâte épaisse. Laissez le mélange reposer au frais, sous un film alimentaire pendant au moins 1 h.

2. Sortez la pâte du réfrigérateur et formez 8 boulettes. Mettez-les dans le panier de l'Easy Fry et faites cuire 8 min à 180 °C. Ajoutez 1 c. à soupe d'huile d'olive, remuez et relancez la cuisson pour 8 min.

3. Pendant ce temps, faites cuire les lentilles en suivant les instructions du paquet, égouttez-les et laissez-les refroidir.

4. Répartissez dans 4 bols les lentilles, les carottes râpées, le chou rouge, les falafels, le houmous, les graines de grenade et de courge et la coriandre ciselée. Arrosez de jus de citron et d'huile d'olive. Salez et poivrez.

INGRÉDIENTS

150 g de fromage râpé

4 œufs

30 g de beurre
+ pour les moules

30 g de farine

30 cl de lait entier tiède

1 pincée de noix de muscade

SOUFFLÉS AU FROMAGE

4 PERSONNES

15 MIN **25 MIN**

€

RECETTE WAOUH

GRAND CLASSIQUE

1. Séparez les blancs des jaunes d'œufs. Dans une casserole, faites fondre le beurre avec la farine. Laissez cuire 1 min, puis versez le lait tiède progressivement, remuez sans cesse jusqu'à obtenir une sauce épaisse. Salez, poivrez et parfumez avec la muscade. Laissez refroidir à température ambiante.

2. Mélangez les jaunes d'œufs avec le fromage, puis ajoutez le tout à la béchamel refroidie. Montez les blancs en neige, puis incorporez-les à la préparation.

3. Beurrez 4 ramequins. Versez-y la préparation et mettez-les dans le panier de l'Easy Fry. Faites cuire en **mode gâteau** pendant 10 à 15 min.

4. Dégustez avec une salade verte ou des crudités.

INGRÉDIENTS

1 aubergine en tranches de 5 mm d'épaisseur

400 g de tomates pelées en boîte

2 c. à soupe de parmesan râpé

1 gousse d'ail émincée

½ oignon émincé

1 c. à café d'origan séché

10 feuilles de basilic ciselées

2 c. à soupe de chapelure

3 c. à soupe d'huile d'olive

AUBERGINES À LA PARMIGIANA

2 PERSONNES

25 MIN | 1 H 10

€

TOUR DU MONDE

1. Badigeonnez les rondelles d'aubergine d'huile d'olive, salez et poivrez. Déposez-les dans le panier de l'Easy Fry et faites-les cuire 8 min à 180 °C. Retournez les tranches et relancez la cuisson pour 8 min. Réservez.

2. Placez l'ail et l'oignon dans le panier de l'Easy Fry avec 1 c. à soupe d'huile d'olive et faites cuire 3 min à 180 °C.

3. Ajoutez les tomates pelées et l'origan, salez et poivrez, puis faites cuire 8 min à 160 °C. Remuez et relancez la cuisson pour 8 min.

4. Disposez les aubergines dans un petit plat à gratin, ajoutez la sauce tomate dessus et répartissez le basilic. Mélangez le parmesan râpé et la chapelure, puis parsemez-en le gratin. Lavez le panier de l'Easy Fry, puis placez-y le plat à gratin. Faites cuire 35 min à 160 °C.

5. Servez avec une salade verte.

INGRÉDIENTS

150 g de feta en cubes

2 carottes en bâtonnets

16 tomates cerises

2 échalotes

2 gousses d'ail

2 pincées de piment d'Espelette

1 c. à soupe de graines de sésame

4 brins de coriandre ciselés

POUR LA SAUCE

2 c. à soupe de miel liquide

2 pincées de piment d'Espelette

2 c. à café de thym séché

1 c. à soupe d'huile d'olive

FETA ET LÉGUMES RÔTIS

4 PERSONNES

20 MIN **40 MIN**

€

RECETTE WAOUH

1. Préparez la sauce. Mélangez tous les ingrédients.

2. Mettez les carottes dans le panier de l'Easy Fry avec les échalotes et les gousses d'ail non épluchées, puis versez la sauce dessus. Faites cuire en **mode légumes** pendant 15 min.

3. Mélangez le tout, ajoutez les tomates cerises et la feta. Saupoudrez la feta de piment d'Espelette. Relancez le **mode grill** pour 5 min.

4. Déposez les légumes rôtis sur un plat de service, arrosez du jus de cuisson et parsemez de graines de sésame et de coriandre ciselée.

INGRÉDIENTS

700 g de pommes de terre à chair farineuse (type bintje)

1 c. à soupe de persil ciselé

1 gros oignon râpé

1 œuf

1 c. à soupe d'huile de friture

RÖSTIS AU PERSIL

10 PIÈCES

20 MIN **30 MIN**

€

GRAND CLASSIQUE

SPÉCIAL KIDS

1. Faites cuire les pommes de terre avec leur peau dans de l'eau bouillante salée pendant 8 à 10 min. Elles doivent rester un peu fermes. Égouttez et séchez les pommes de terre. Laissez-les tiédir, puis épluchez-les.

2. Râpez les pommes de terre dans un saladier, ajoutez l'oignon, l'œuf, le persil, du sel et du poivre. Mélangez la préparation, puis formez des galettes de pommes de terre à l'aide d'un emporte-pièce de 6 cm de diamètre.

3. Déposez-les dans le panier de l'Easy Fry. Versez l'huile et faites cuire 10 min à 180 °C. Retournez les röstis et poursuivez la cuisson 10 min.

Astuce : *Servez ces röstis en accompagnement ou à l'apéritif avec une sauce à la crème fraîche et au paprika fumé.*

INGRÉDIENTS

1 chou-fleur en bouquets

50 g de parmesan râpé

50 g de chapelure

2 œufs battus

50 g de farine

1 c. à soupe bombée d'épices cajun

2 c. à soupe d'huile d'olive

CHOU-FLEUR RÔTI AU PARMESAN

4 PERSONNES

15 MIN 30 MIN

€

SPÉCIAL KIDS

1. Mélangez la chapelure avec le parmesan et l'huile d'olive dans un bol.

2. Dans un saladier, mélangez les œufs battus, la farine, les épices cajun et 1 c. à café de sel. Ajoutez les bouquets de chou-fleur dans le saladier, puis mélangez bien le tout. Ajoutez la préparation au parmesan et mélangez de nouveau.

3. Placez le chou-fleur dans le panier de l'Easy Fry et faites cuire 15 min à 180 °C. Mélangez et relancez la cuisson pour 15 min.

INGRÉDIENTS

2 épis de maïs sous vide

20 g de beurre fondu

2 brins de persil ciselés

MAÏS GRILLÉ AU BEURRE

2 PERSONNES

5 MIN **20 MIN**

€

EXPRESS

1. Badigeonnez les épis de beurre fondu, salez et poivrez. Placez-les dans le panier de l'Easy Fry et faites cuire 10 min à 180 °C. Retournez-les et relancez la cuisson pour 10 min.

2. Parsemez de persil et dégustez bien chaud sur des piques en bois.

by John doe
Calendar

INGRÉDIENTS

1 grosse betterave crue

1 grosse patate douce
1 c. à soupe d'huile d'olive
Fleur de sel

POUR LA SAUCE AU CURRY

10 cl de crème fraîche

1 c. à café bombée de curry

FRITES DE BETTERAVE ET DE PATATE DOUCE

4 PERSONNES

15 MIN 30 MIN

€

SPÉCIAL KIDS

1. Préparez la sauce. Mélangez la crème et le curry, puis réservez au frais.

2. Épluchez les légumes et coupez-les en frites.

3. Mettez les frites dans le panier de l'Easy Fry, arrosez-les d'huile d'olive et lancez le **mode frites** pour 15 min. Remuez bien et relancez la cuisson pour 15 min.

4. Assaisonnez de fleur de sel et de poivre. Dégustez accompagné de sauce au curry.

DESSERTS

INGRÉDIENTS

600 g de glace à la vanille

POUR LA PÂTE À CHOUX

8 cl de lait entier
1 c. à soupe rase de sucre
4 g de sel

60 g de beurre en morceaux

100 g de farine

3 œufs (150 g sans la coquille)

POUR LA SAUCE CHOCOLAT

130 g de chocolat noir haché

50 g de crème liquide entière
50 g de lait entier

PROFITEROLES VANILLE-CHOCOLAT

4 PERSONNES

25 MIN 1 H

€

RECETTE WAOUH

GRAND CLASSIQUE

1. Préparez la pâte à choux. Dans une casserole, versez le lait, 8 cl d'eau, le sucre, le sel et le beurre. Portez à ébullition, puis ajoutez la farine en pluie et continuez de cuire à feu doux tout en mélangeant avec une spatule pour obtenir une pâte molle qui se détache des parois. Versez-la dans un saladier. Laissez légèrement tiédir, puis incorporez les œufs un à un, en mélangeant à chaque fois avec un fouet afin qu'ils soient bien absorbés. La pâte doit être souple. Mettez-la dans une poche à douille.

2. Réalisez 12 choux. Mettez-en 4 dans le panier de l'Easy Fry tapissé de papier sulfurisé et lancez le **mode gâteau** pour 15 min. Répétez l'opération avec les 8 autres choux. Laissez refroidir.

3. Coupez les choux en 2, puis préparez la sauce. Dans une casserole à feu moyen, faites chauffer 5 cl d'eau, la crème et le lait. Le mélange doit être très chaud, mais ne doit pas bouillir. Versez-le sur le chocolat dans un saladier et remuez pour obtenir une sauce lisse.

4. Mettez 1 boule de glace sur la base de chaque chou. Recouvrez avec le chapeau, puis versez la sauce chaude. Servez aussitôt.

INGRÉDIENTS

110 g de chocolat noir en morceaux

60 g de beurre
+ pour les moules

3 œufs

50 g de sucre (ou de cassonade)

45 g de farine
+ pour les moules

PETITS FONDANTS AU CHOCOLAT

4 PERSONNES

15 MIN · 30 MIN · 15 MIN

€

RECETTE WAOUH

SPÉCIAL KIDS

1. Faites fondre le beurre et le chocolat au micro-ondes ou au bain-marie.

2. Fouettez les œufs avec le sucre dans un saladier. Ajoutez le mélange beurre-chocolat, puis remuez de nouveau.

3. Incorporez la farine tamisée et 1 pincée de fleur de sel, puis mélangez de nouveau au fouet. Filmez la préparation et réservez 30 min au frais.

4. Beurrez et farinez les ramequins, puis répartissez-y la pâte. Mettez les ramequins dans le panier de l'Easy Fry et faites cuire en **mode gâteau** pendant 10 min. Laissez tiédir avant de déguster.

INGRÉDIENTS

500 g de brocciu

4 œufs

150 g de sucre
+ 1 c. à soupe pour le moule

Le zeste et le jus de 1 citron

1 gousse de vanille fendue et grattée

1 c. à soupe rase de farine tamisée

Beurre pour le moule

FIADONE

4 PERSONNES

20 MIN **45 MIN**

€€

GRAND CLASSIQUE

1. Égouttez le brocciu et battez-le avec un fouet dans un récipient. Incorporez les œufs un à un, puis ajoutez le sucre, le jus et le zeste de citron, les graines de vanille et remuez. Versez la farine et mélangez bien le tout.

2. Beurrez le fond et les bords (sur 2 cm) du panier de l'Easy Fry, puis saupoudrez-le de sucre. Versez-y la pâte et lancez le **mode gâteau** pour 45 min à 150 °C.

INGRÉDIENTS

18 cl de lait tiède

25 g de levure fraîche de boulanger

500 g de farine

2 œufs

20 g d'eau de fleur d'oranger

80 g de sucre

100 g de beurre ramolli en morceaux

POUR LA DORURE

1 jaune d'œuf

2 c. à soupe de lait

Sucre perlé

BRIOCHES À LA FLEUR D'ORANGER

2 PIÈCES

25 MIN · 2 H 35 · 40 MIN

€

GRAND CLASSIQUE

1. Mélangez le lait tiède et la levure et laissez reposer 5 min. Versez la farine, les œufs, la fleur d'oranger, le sucre et 8 g de sel sel dans le bol d'un robot muni du crochet. Pétrissez pendant 5 min à vitesse moyenne. Versez le lait mélangé à la levure et pétrissez pendant 5 min à vitesse moyenne. Ajoutez le beurre et laissez pétrir à vitesse moyenne pendant 10 min. Mettez la boule de pâte dans un grand saladier et recouvrez-la d'un torchon. Laissez reposer 1 h 30 à l'abri des courants d'air.

2. Placez la pâte sur le plan de travail fariné et divisez-la en 2. Réservez une moitié et étalez l'autre en rectangle. Coupez-la en 3 pour avoir 3 longues bandes. Formez des boudins avec ces bandes. Retournez les boudins de façon à avoir la soudure en dessous. Collez les 3 extrémités entre elles et formez une tresse. Faites de même avec la seconde moitié de pâte. Laissez pousser 1 h à l'abri des courants d'air.

3. Mélangez le jaune d'œuf et le lait. Badigeonnez-en sur les brioches tressées avec un pinceau. Mettez 1 brioche dans le panier de l'Easy Fry et faites cuire en **mode gâteau** à 180 °C pendant 10 min. Parsemez de sucre perlé et relancez la cuisson pour 10 min. Répétez l'opération avec l'autre brioche.

INGRÉDIENTS

23 cl de lait tiède
1 sachet de levure de boulanger

600 g de farine

100 g de sucre

2 œufs
75 g de beurre fondu

POUR LE FOURRAGE À LA CANNELLE

10 g de cannelle
220 g de cassonade
75 g de beurre ramolli

POUR LE GLAÇAGE

1 blanc d'œuf
200 g de sucre glace
Le jus de ½ citron

CINNAMON ROLLS

10 PIÈCES

15 MIN 2 H 40 1 H 06

€

RECETTE WAOUH

TOUR DU MONDE

1. Mélangez le lait tiède et la levure. Laissez reposer 10 min. Placez la farine, le sucre et 1 pincée de sel dans le bol d'un robot muni du crochet. Incorporez le mélange lait-levure en battant à vitesse moyenne. Ajoutez l'œuf et le beurre fondu et refroidi. Pétrissez 8 à 10 min jusqu'à obtenir une pâte souple. Couvrez d'un torchon et laissez pousser 1 h 30 à température ambiante (la pâte doit doubler de volume).

2. Préparez le fourrage. Mélangez les ingrédients dans un bol.

3. Abaissez la pâte au rouleau sur du papier sulfurisé fariné en formant un grand rectangle. Étalez le fourrage dessus avec les mains. Roulez la pâte sur elle-même pour former un long boudin. Découpez 10 morceaux. Placez-les sur du papier sulfurisé, couvrez d'un torchon et laissez pousser 1 h.

4. Placez 4 brioches dans le panier de l'Easy Fry tapissé de papier sulfurisé en les espaçant un peu. Lancez le **mode gâteau** pour 10 min. Retournez-les et relancez la cuisson pour 12 min. Répétez l'opération avec le reste des brioches. Laissez refroidir.

5. Préparez le glaçage. Mélangez au batteur électrique pendant 2 min les ingrédients du glaçage jusqu'à obtenir une crème onctueuse et lisse. Étalez-la sur les brioches refroidies.

INGRÉDIENTS

4 pommes

40 g de sucre de canne
+ 1 c. à soupe

40 g de farine

1 pincée de cannelle

1 c. à soupe bombée de poudre de noisette

1 pincée de vanille en poudre

40 g de beurre demi-sel en morceaux

POUR L'ACCOMPAGNEMENT

2 yaourts grecs

1 c. à soupe de pistaches non salées concassées

2 brins de menthe

4 c. à café de miel liquide

POMMES RÔTIES ET CRUMBLE DE NOISETTES

4 PERSONNES

25 MIN **25 MIN**

€

RECETTE WAOUH

1. Retirez le trognon des pommes à l'aide d'un vide-pomme. Piquez la peau avec une fourchette. Mettez les pommes dans le panier de l'Easy Fry et saupoudrez-les avec 1 c. de sucre de canne, versez un petit fond d'eau et faites cuire en **mode gâteau** pendant 15 min à 180 °C.

2. Dans un saladier, mélangez la farine avec la cannelle, la poudre de noisettes, le sucre et la vanille. Incorporez le beurre et mélangez du bout des doigts afin d'obtenir une pâte sableuse.

3. Retirez l'eau du panier, remettez-y les pommes et émiettez la pâte dans le trou des pommes et sur les pommes, puis relancez la cuisson pour 10 min.

4. Pour servir, répartissez les yaourts dans 4 assiettes creuses, ajoutez 1 pomme par assiette, quelques pistaches concassées, des feuilles de menthe et arrosez de 1 c. à café de miel.

INGRÉDIENTS

400 g de mélange de fruits rouges surgelés

70 g de farine

1 pincée de cannelle

1 c. à soupe bombée de poudre d'amande

1 c. à soupe bombée de poudre de noisette

70 g de sucre de canne

1 c. à café de vanille en poudre

60 g de beurre demi-sel

CRUMBLE DE FRUITS ROUGES

2 PERSONNES

15 MIN **20 MIN**

€

TOUR DU MONDE

GRAND CLASSIQUE

1. Dans un saladier, mélangez la farine avec la cannelle, les amandes et noisettes en poudre, le sucre et la vanille en poudre. Ajoutez le beurre coupé en morceaux et mélangez du bout des doigts l'ensemble afin d'obtenir une pâte sableuse.

2. Placez les fruits dans un petit plat à gratin et émiettez la pâte dessus.

3. Déposez le plat dans le panier de l'Easy Fry et faites cuire 20 min à 180 °C.

INGRÉDIENTS

4 petites pêches jaunes coupées en 2

4 c. à soupe de miel liquide

2 brins de romarin effeuillés

4 spéculos

Glace à la noix de coco

PÊCHES RÔTIES AU ROMARIN

4 PERSONNES

10 MIN **40 MIN**

€

RECETTE WAOUH

1. Mettez la moitié des pêches dans le panier de l'Easy Fry, arrosez-les de 2 c. à soupe de miel et parsemez de romarin. Lancez le **mode grill** pour 10 min, retournez-les délicatement et relancez la cuisson pour 10 min. Faites cuire le reste des pêches de la même façon.

2. Mettez les pêches dans un plat et arrosez-les du jus de cuisson. Écrasez les spéculos et saupoudrez-en les pêches.

3. Accompagnez de glace à la noix de coco.

INGRÉDIENTS

1 c. à soupe de cannelle

250 g de farine

1 c. à soupe de sucre
2 c. à soupe d'huile d'olive
1 c. à soupe d'huile de tournesol

CHURROS À LA CANNELLE

20 PIÈCES

30 MIN **30 MIN** **20 MIN**

€

SPÉCIAL KIDS

1. Mélangez la farine et 1 c. à café de sel, puis ajoutez l'huile d'olive et 28 cl d'eau bouillante, mélangez énergiquement. La pâte doit être collante. Ajoutez un peu d'eau si besoin. Placez la pâte dans une poche à douille munie d'un embout large et cannelé, puis laissez reposer 30 min au frais.

2. Préchauffez l'Easy Fry 5 min à 180 °C. Pendant ce temps, réalisez 20 bâtonnets de pâte de 10 cm de long sur 2 feuilles de papier sulfurisé. Badigeonnez-les d'huile de tournesol.

3. Déposez 10 bâtonnets de pâte dans le panier de l'Easy Fry sur leur papier et faites cuire 5 min. Retournez les churros et poursuivez la cuisson 5 min. Répétez l'opération avec le reste des churros.

4. Mélangez le sucre et la cannelle, puis saupoudrez-en les churros. Dégustez accompagné d'une sauce au chocolat (voir recette p. 190).

Moulinex

INGRÉDIENTS

250 g de confiture de framboises

25 cl de lait entier tiède

50 g de sucre

21 g de levure fraîche émiettée

1 gros œuf

60 g de beurre fondu

450 g de farine

1 c. à soupe de sucre glace

3 c. à soupe d'huile de colza

BEIGNETS À LA FRAMBOISE

10 PIÈCES

30 MIN 1 H 10 MIN

€

SPÉCIAL KIDS

1. Dans le bol d'un robot muni du crochet, mélangez le lait, le sucre et la levure. Laissez reposer 5 min.

2. Ajoutez ½ c. à café de sel, l'œuf, le beurre et la farine dans le bol. Pétrissez 5 min environ, la pâte doit être élastique et lisse. Couvrez le bol d'un torchon et laissez lever 30 min dans un endroit chaud, à l'abri des courants d'air.

3. Étalez la pâte sur le plan de travail fariné sur 2 cm d'épaisseur environ. Utilisez un emporte-pièce pour découper les beignets. Placez-les sur une feuille de papier sulfurisé et recouvrez d'un torchon. Laissez-les lever jusqu'à ce qu'ils aient doublé de volume, 30 min environ.

4. Préchauffez l'Easy Fry pendant 5 min à 180 °C. Disposez 5 beignets dans le panier tapissé de papier sulfurisé, puis ajoutez 1 c. à soupe d'huile et faites cuire 5 min. Faites cuire les beignets en plusieurs fois.

5. Laissez-les refroidir sur une grille. Remplissez une poche à douille de confiture et fourrez chaque beignet sur le côté d'un peu de confiture. Badigeonnez le dessus des beignets d'un peu d'huile de colza et saupoudrez de sucre glace.

INGRÉDIENTS

90 g de beurre demi-sel ramolli

90 g de sucre

3 blancs d'œufs

90 g de farine

CIGARETTES RUSSES

18 PIÈCES

10 MIN **54 MIN**

€

TOUR DU MONDE

1. Fouettez le beurre et le sucre pour obtenir un mélange crémeux, puis ajoutez les blancs d'œufs rapidement battus. Incorporez la farine et remuez pour obtenir une pâte homogène.

2. À l'aide d'une cuillère à soupe, déposez 2 disques de pâte de 10 cm de diamètre dans le panier de l'Easy Fry, en les espaçant. Lancez le **mode gâteau** pour 6 min à 170 °C. Les bords doivent être dorés. Une fois les disques cuits, roulez-les sur le manche d'une cuillère en bois et laissez refroidir. Répétez l'opération avec le reste de pâte.

3. Dégustez les biscuits avec une glace et des fruits frais.

Astuce : *Conservez-les au sec dans une boîte en métal.*

INGRÉDIENTS

100 g de chocolat noir haché

75 g de beurre demi-sel ramolli

85 g de sucre

1 œuf

150 g de farine

1 c. à café de levure chimique

COOKIES AU CHOCOLAT

16 PIÈCES

15 MIN **40 MIN**

€

SPÉCIAL KIDS

GRAND CLASSIQUE

1. Dans un saladier, mélangez le beurre, le sucre et l'œuf. Dans un bol, mélangez la farine avec la levure, puis ajoutez-les au saladier. Mélangez et terminez en ajoutant le chocolat haché et remuez.

2. Formez 16 petites boules de pâte à l'aide d'une cuillère à glace.

3. Tapissez le fond du panier de l'Easy Fry de papier sulfurisé et déposez 4 boules de pâte bien espacées. Faites cuire 10 min à 160 °C. Répétez l'opération avec le reste de pâte. Laissez refroidir les cookies sur une grille.

INGRÉDIENTS

8 feuilles de brick

1 mangue mûre en dés

20 g de sucre de canne

½ c. à café rase de vanille en poudre

10 g de beurre fondu

1 c. à soupe de noix de coco râpée

NEMS À LA MANGUE

16 PIÈCES

25 MIN **25 MIN**

€

TOUR DU MONDE

1. Faites caraméliser légèrement le sucre de canne dans une casserole, ajoutez les dés de mangue et la vanille, puis faites cuire 10 min à feu doux jusqu'à obtenir une compotée. Ajoutez quelques gouttes d'eau pendant la cuisson si besoin. Laissez refroidir.

2. Coupez les feuilles de brick en demi-lunes, puis enduisez-les de beurre fondu.

3. Déposez une petite quantité de compote de mangue sur chaque demi-feuille, puis roulez-les en forme de cigare. Repliez les extrémités en veillant à ce que les nems soient bien fermés.

4. Mettez les nems dans le panier de l'Easy Fry et faites cuire en **mode grill** pendant 6 min. Retournez-les et relancez la cuisson pour 6 min. Laissez tiédir et saupoudrez de noix de coco râpée.

INGRÉDIENTS

2 pommes non traitées

1 c. à café de jus de citron

1 c. à soupe rase de sucre

CHIPS DE POMMES

4 PERSONNES

10 MIN **15 MIN**

€

EXPRESS

SPÉCIAL KIDS

1. Coupez les pommes en 2 et retirez les pépins, puis réalisez des tranches très fines à l'aide d'une mandoline.

2. Mettez-les dans un saladier et arrosez-les de jus de citron et de sucre, puis mélangez bien le tout.

3. Déposez les chips de pommes dans le panier de l'Easy Fry sur plusieurs couches. Faites cuire 15 min à 180 °C en remuant toutes les 5 min.

INDEX
PAR INGRÉDIENTS

Q

R

S

ISBN : 978-2-03-604935-2

Imprimé en Espagne par Estella Graficas
Dépôt légal : octobre 2023
334500/01 - 11053513 - août 2023

PAPIER À BASE DE FIBRES CERTIFIÉES

Dessain et Tolra s'engage pour l'environnement en réduisant l'empreinte carbone de ses livres. Celle de cet exemplaire est de :
1,7 kg éq. CO_2
Rendez-vous sur www.dessain-tolra-durable.fr